MEOW

Meow meow meow meow. Meow meow meow meow meow, meow meow meow meow meow. Meow meow meow meow, meow meow. Meow meow meow meow. Meow meow meow meow. Meow meow meow meow, meow meow meow.

Meow meow meow meow meow meow meow. Meow meow meow meow meow meow. Meow meow meow meow meow meow meow meow meow, meow meow meow meow meow. Meow meow meow meow meow meow meow meow meow meow. Meow meow meow meow meow meow meow. Meow meow meow, meow meow meow meow meow meow meow. Meow meow meow meow meow meow meow meow, meow meow meow meow. Meow meow meow, meow meow meow meow.

Meow meow meow meow meow meow meow meow meow. Meow meow meow meow. Meow meow meow meow meow. Meow meow meow meow meow meow, meow meow meow. Meow meow. Meow meow meow. Meow meow meow meow meow meow, meow meow meow. Meow meow meow meow meow, meow meow. Meow meow, meow meow meow.

Meow meow meow meow meow meow. Meow meow meow meow meow meow, meow meow meow. Meow meow meow meow meow meow, meow meow meow meow meow meow meow. Meow meow meow meow meow meow meow meow meow. Meow meow meow meow.

Meow meow meow meow meow meow meow. Meow meow meow meow meow meow, meow meow meow meow.

Meow meow meow meow meow meow. Meow meow meow. Meow meow meow meow meow meow meow meow meow. Meow meow meow meow meow meow, meow meow meow meow meow. Meow meow meow meow meow, meow meow meow meow meow meow meow meow. Meow meow meow meow meow meow meow meow. Meow meow meow. Meow meow meow, meow meow meow meow meow.

Meow meow meow meow meow meow. Meow meow meow meow meow meow meow, meow meow meow meow. Meow meow meow meow meow meow meow, meow. Meow meow meow meow meow meow meow meow. Meow meow meow. Meow meow meow. Meow meow meow meow meow meow meow, meow meow meow.

Meow meow meow meow meow. Meow meow meow meow meow meow meow meow meow. Meow meow meow meow meow meow meow. Meow meow meow meow, meow meow meow meow meow meow meow. Meow meow meow meow meow meow meow meow, meow meow. Meow meow, meow meow meow meow meow. Meow meow meow meow meow meow meow meow meow. Meow meow meow meow meow meow. Meow meow meow meow meow meow meow meow, meow meow meow meow meow meow. Meow meow meow meow, meow meow meow meow.

Meow meow meow meow meow meow. Meow meow. Meow meow meow meow meow meow meow meow, meow meow meow meow meow meow meow meow meow meow. Meow meow meow meow meow meow meow meow, meow meow meow meow meow meow meow meow meow. Meow meow meow meow meow. Meow meow meow meow meow meow, meow meow meow meow meow. Meow meow meow meow meow, meow meow.

Meow meow meow meow meow meow. Meow meow meow meow meow meow. Meow meow meow meow meow. Meow meow meow, meow meow meow meow meow. Meow meow meow, meow meow meow. Meow meow meow, meow meow meow meow meow meow. Meow meow meow meow meow meow meow meow, meow meow meow meow. Meow meow meow meow meow meow meow meow meow. Meow meow meow meow meow meow meow meow. Meow meow, meow meow meow meow meow. Meow meow meow meow meow meow meow, meow meow meow. Meow meow meow meow meow, meow meow meow meow.

Meow meow meow meow meow meow. Meow meow meow.
Meow meow meow meow meow meow meow meow, meow meow.
Meow meow meow, meow. Meow meow meow meow meow meow
meow, meow meow meow meow meow meow meow meow. Meow meow
meow meow meow meow meow meow, meow meow meow meow.
Meow meow. Meow meow. Meow meow meow meow meow meow,
meow meow.

Meow meow meow meow meow meow. Meow meow meow
meow. Meow meow meow meow. Meow meow meow meow meow
meow meow meow meow, meow meow meow meow. Meow meow
meow, meow. Meow meow meow meow meow meow meow meow.
Meow meow meow. Meow meow meow meow meow meow, meow
meow meow. Meow meow meow meow meow, meow meow meow.

Meow meow meow meow. Meow meow meow meow. Meow
meow meow meow meow meow meow meow. Meow meow meow meow
meow meow, meow meow meow meow meow. Meow meow meow
meow meow meow meow meow meow. Meow meow meow meow
meow meow meow, meow meow meow meow meow meow meow.

Meow meow meow meow meow meow meow. Meow meow
meow. Meow meow meow meow. Meow meow meow meow meow
meow, meow meow. Meow meow meow meow meow meow meow,
meow meow meow meow meow meow meow. Meow meow meow
meow, meow meow meow meow meow meow meow. Meow meow meow
meow, meow meow. Meow meow meow meow meow meow meow.
Meow meow meow meow meow meow meow meow. Meow meow
meow meow meow meow meow meow. Meow meow, meow meow
meow. Meow meow meow meow meow meow meow meow, meow
meow meow meow meow meow meow meow.

Meow meow meow. Meow meow meow meow. Meow meow
meow meow, meow meow meow meow meow meow. Meow meow meow
meow meow meow meow, meow meow meow meow meow meow. Meow
meow meow meow. Meow meow meow meow meow meow meow. Meow
meow meow meow meow. Meow meow meow meow meow meow,
meow meow meow meow meow meow meow meow.

Meow meow meow meow meow meow meow. Meow meow
meow meow, meow meow meow meow meow meow. Meow meow meow
meow meow, meow meow. Meow meow meow meow meow meow
meow meow meow, meow meow meow. Meow meow meow. Meow
meow meow meow meow meow meow meow. Meow meow meow,

meow. Meow meow meow meow meow meow meow, meow meow
meow meow meow meow.

Meow meow meow. Meow meow meow meow meow meow.
Meow meow meow meow. Meow meow meow meow meow meow
meow meow meow, meow meow meow meow meow. Meow meow
meow meow, meow meow meow meow meow meow. Meow meow
meow meow meow. Meow meow meow meow meow. Meow meow
meow meow meow meow meow meow meow, meow meow meow
meow meow.

Meow meow meow meow meow meow. Meow meow meow
meow meow. Meow meow meow meow meow meow, meow meow
meow. Meow meow meow meow meow meow meow, meow meow
meow meow meow meow. Meow meow meow meow meow meow
meow meow meow, meow meow meow meow. Meow meow meow
meow meow, meow meow meow meow meow. Meow meow meow
meow. Meow meow meow meow meow meow meow, meow meow
meow meow.

Meow meow meow meow meow. Meow meow meow meow
meow meow meow. Meow meow. Meow meow meow meow meow
meow meow, meow meow. Meow meow meow meow, meow meow.
Meow meow meow meow meow meow, meow meow meow. Meow
meow meow meow meow, meow meow meow meow meow meow
meow. Meow meow meow meow. Meow meow meow meow meow
meow. Meow meow, meow meow meow meow meow.

Meow meow meow meow meow meow meow meow. Meow
meow meow. Meow meow. Meow meow meow meow meow meow,
meow meow meow. Meow meow meow meow meow meow meow
meow meow, meow meow meow. Meow meow meow meow meow
meow meow meow meow. Meow meow meow meow meow meow.
Meow meow meow meow meow meow. Meow meow meow meow
meow meow meow meow meow meow meow meow, meow meow.
Meow meow meow, meow meow meow meow meow meow.

Meow meow meow meow meow meow meow meow. Meow
meow meow meow meow. Meow meow meow meow, meow meow
meow. Meow meow meow meow meow meow, meow meow meow.
Meow meow meow meow meow meow meow meow. Meow meow
meow meow meow meow meow meow. Meow meow meow meow
meow meow. Meow meow meow meow meow meow meow meow
meow meow meow meow meow. Meow meow meow meow meow

meow meow, meow meow meow meow meow. Meow meow, meow meow meow meow meow.

Meow meow meow meow meow meow meow meow. Meow meow meow meow meow meow meow. Meow meow meow meow, meow meow meow. Meow meow meow meow, meow meow. Meow meow meow meow meow meow meow, meow meow meow. Meow meow meow meow meow meow meow meow meow. Meow meow meow meow meow meow. Meow meow meow meow meow meow, meow meow meow meow. Meow meow meow meow meow meow, meow meow meow meow meow.

Meow meow meow. Meow meow meow meow meow meow meow meow. Meow meow meow meow meow meow meow meow meow, meow meow meow. Meow meow meow, meow meow meow meow meow. Meow meow meow. Meow meow meow meow. Meow meow meow. Meow meow meow meow meow meow meow meow, meow meow meow.

Meow meow meow meow meow. Meow meow. Meow meow meow meow meow. Meow meow meow meow meow meow meow meow, meow meow meow. Meow meow, meow meow meow meow. Meow meow meow meow meow meow meow meow. Meow meow meow meow meow. Meow meow meow meow meow. Meow meow meow meow meow meow meow meow, meow meow meow. Meow meow meow meow meow meow, meow meow meow meow meow meow.

Meow meow meow meow. Meow meow meow meow meow meow. Meow meow meow. Meow meow meow meow meow, meow meow meow meow meow. Meow meow meow meow meow meow meow. Meow meow meow meow meow. Meow meow meow, meow. Meow meow meow meow meow, meow meow meow meow meow. Meow meow meow meow, meow meow meow meow. Meow meow meow meow meow meow meow, meow.

Meow meow meow meow. Meow meow meow meow. Meow meow meow meow meow, meow meow. Meow meow meow meow meow, meow meow meow meow meow. Meow meow, meow meow meow meow meow. Meow meow meow meow meow meow meow. Meow meow meow meow meow meow meow meow. Meow meow meow meow meow meow meow, meow meow meow meow. Meow meow meow meow meow meow meow meow, meow meow meow. Meow meow meow meow, meow meow. Meow meow meow meow meow meow, meow meow meow meow meow.

Meow meow meow meow meow. Meow meow meow meow.
Meow meow, meow. Meow meow meow meow meow meow, meow
meow meow meow. Meow meow meow meow. Meow meow meow
meow meow meow meow. Meow meow meow meow meow meow
meow meow. Meow meow meow, meow meow.

Meow meow. Meow meow meow meow meow meow meow
meow meow. Meow meow. Meow meow meow meow meow meow,
meow meow meow. Meow meow meow, meow meow meow. Meow
meow meow meow meow meow meow meow meow. Meow meow meow.
Meow meow meow meow meow meow meow, meow meow meow
meow. Meow meow meow meow, meow meow meow meow meow
meow meow meow meow.

Meow meow. Meow meow, meow meow meow. Meow
meow meow, meow. Meow meow meow meow meow. Meow meow
meow meow meow meow, meow meow meow meow. Meow meow
meow meow meow meow meow, meow meow meow meow.

Meow meow meow. Meow meow meow meow meow. Meow
meow meow meow meow. Meow meow meow, meow meow meow
meow meow. Meow meow meow meow meow meow meow meow,
meow meow. Meow meow meow meow meow meow meow meow.
Meow meow meow meow meow meow. Meow meow meow meow
meow. Meow meow meow meow meow meow meow meow meow,
meow meow meow. Meow meow meow meow meow, meow meow
meow meow meow. Meow meow meow meow, meow meow meow
meow.

Meow meow meow meow meow meow. Meow meow meow
meow meow meow meow. Meow meow meow meow, "Meow meow
meow meow meow meow". Meow meow meow, "Meow meow meow
meow meow meow meow". Meow meow, "Meow meow meow meow
meow meow meow meow". Meow, "Meow meow".

Meow meow meow. Meow meow meow. Meow meow,
"Meow meow meow". Meow, "Meow meow meow meow meow
meow meow meow". Meow meow meow, "Meow meow meow meow
meow". Meow meow, "Meow meow meow meow meow meow meow
meow meow meow".

Meow meow meow. Meow meow meow meow meow. Meow
meow meow meow. Meow meow, "Meow meow meow meow".
Meow, "Meow meow meow meow meow meow meow meow meow
meow". Meow meow, "Meow meow meow". Meow meow meow,

"Meow meow". Meow meow meow, "Meow meow meow meow meow meow".

Meow meow meow meow. Meow meow meow meow meow meow. Meow meow meow meow meow. Meow meow meow, "Meow meow meow". Meow meow, "Meow meow meow meow meow meow". Meow meow, "Meow meow meow meow meow". Meow meow meow, "Meow meow meow meow meow meow meow".

Meow meow meow meow meow meow meow meow. Meow meow meow meow meow meow meow meow meow meow meow. Meow, "Meow meow meow meow". Meow meow meow, "Meow meow meow meow meow meow meow meow meow". Meow, "Meow meow meow meow meow meow meow". Meow meow, "Meow meow meow meow meow". Meow meow, "Meow meow meow meow".

Meow meow meow meow meow meow. Meow meow meow meow meow meow meow. Meow meow meow, "Meow meow".

Meow meow meow meow. Meow meow meow meow meow meow meow. Meow meow meow, "Meow meow meow". Meow meow, "Meow meow meow meow meow meow". Meow meow meow, "Meow meow meow meow meow". Meow meow, "Meow meow meow". Meow, "Meow meow meow meow meow meow".

Meow meow meow meow meow meow meow meow meow meow. Meow meow meow meow meow meow meow meow meow meow meow meow meow meow. Meow, "Meow meow meow meow meow meow".

Meow meow meow. Meow meow meow meow meow meow meow meow meow meow meow meow. Meow, "Meow meow meow meow meow meow". Meow meow, "Meow meow meow meow". Meow meow, "Meow meow meow meow meow meow".

Meow meow meow meow. Meow meow meow meow. Meow meow, "Meow meow meow meow meow meow meow". Meow, "Meow meow meow".

Meow meow meow. Meow meow meow meow. Meow meow meow meow meow meow meow. Meow meow, "Meow meow meow meow meow meow". Meow meow, "Meow meow meow meow meow meow meow". Meow, "Meow meow meow meow meow meow".

Meow meow meow meow meow meow. Meow, "Meow meow meow meow meow". Meow meow, "Meow meow meow meow meow". Meow meow, "Meow meow meow". Meow meow meow, "Meow meow meow meow meow meow meow meow".

Meow meow meow meow meow. Meow meow meow meow.
Meow meow meow meow meow meow meow meow meow meow.
Meow, "Meow meow meow meow meow". Meow meow, "Meow
meow meow". Meow meow, "Meow meow". Meow meow meow,
"Meow meow meow meow".

Meow meow meow meow meow. Meow meow meow,
"Meow meow meow meow meow meow". Meow meow meow,
"Meow meow meow meow meow". Meow meow meow, "Meow
meow meow meow meow". Meow, "Meow meow meow meow
meow". Meow meow, "Meow meow meow meow meow".

Meow meow. Meow meow meow meow meow. Meow meow
meow meow meow meow meow meow. Meow meow, "Meow meow
meow meow meow meow". Meow meow, "Meow meow meow meow
meow". Meow meow, "Meow meow meow meow meow". Meow
meow, "Meow meow meow meow meow meow".

Meow meow meow meow meow meow. Meow meow meow,
"Meow meow meow meow meow meow meow". Meow meow,
"Meow meow meow meow meow meow meow meow meow".

Meow meow meow meow meow meow meow. Meow meow
meow meow meow meow meow meow. Meow meow, "Meow meow
meow meow meow meow meow meow". Meow meow meow, "Meow
meow meow meow meow meow meow". Meow meow, "Meow
meow meow meow meow". Meow meow, "Meow meow meow meow
meow".

Meow meow meow meow meow meow meow meow meow.
Meow meow. Meow meow meow meow. Meow meow, "Meow meow
meow meow meow". Meow meow meow, "Meow meow meow".
Meow meow, "Meow meow meow". Meow meow, "Meow meow
meow meow meow meow meow meow". Meow meow, "Meow
meow". Meow meow meow, "Meow meow meow meow meow meow
meow".

Meow meow meow meow meow meow meow meow. Meow
meow, "Meow meow meow meow meow meow meow meow meow
meow". Meow meow, "Meow meow meow". Meow meow meow,
"Meow meow meow meow". Meow, "Meow meow meow meow".
Meow, "Meow meow meow meow meow meow meow". Meow
meow, "Meow meow meow meow meow". Meow meow meow
meow, "Meow meow meow meow meow".

Meow meow meow meow. Meow meow meow meow.
Meow, "Meow meow meow meow meow meow meow meow meow".
Meow meow meow, "Meow meow".

Meow meow meow meow meow meow. Meow meow meow
meow meow meow meow. Meow meow meow meow, "Meow meow
meow meow meow meow meow meow meow meow meow". Meow
meow, "Meow meow meow". Meow, "Meow meow meow meow
meow meow meow meow meow meow meow". Meow meow meow,
"Meow meow". Meow, "Meow meow meow meow". Meow meow,
"Meow meow meow meow".

Meow meow meow meow meow. Meow meow meow meow
meow meow. Meow meow, "Meow meow meow meow meow meow
meow". Meow meow meow meow, "Meow meow meow meow
meow". Meow meow meow, "Meow meow meow meow". Meow
meow meow, "Meow meow".

Meow meow meow. Meow meow meow meow. Meow meow
meow meow meow meow meow. Meow meow meow, "Meow meow
meow meow meow meow". Meow, "Meow meow meow meow meow
meow meow meow". Meow, "Meow meow meow meow meow".
Meow meow, "Meow meow meow meow meow meow".

Meow meow meow meow meow meow meow. Meow meow
meow meow. Meow meow meow meow meow meow meow meow meow.
Meow meow meow meow meow. Meow meow meow meow meow
meow, meow meow meow meow meow meow meow. Meow meow. Meow
meow meow meow meow meow meow. Meow meow meow meow
meow meow meow meow meow meow. Meow meow meow meow
meow meow, meow meow meow meow. Meow meow meow meow
meow meow, meow meow meow meow. Meow meow meow meow
meow meow, meow meow meow meow meow.

Meow meow meow meow meow meow meow meow. Meow
meow meow meow meow. Meow meow meow meow meow, meow
meow meow meow meow. Meow meow meow meow meow meow.
Meow meow meow. Meow meow, meow meow meow. Meow meow
meow meow, meow meow.

Meow meow meow meow meow meow meow meow. Meow
meow meow meow meow meow. Meow meow meow meow meow
meow meow. Meow meow meow meow meow meow, meow. Meow meow
meow meow meow, meow meow meow meow meow meow meow
meow meow. Meow meow meow meow. Meow meow meow meow
meow. Meow meow meow. Meow meow meow meow meow meow

meow, meow meow meow meow meow. Meow meow meow meow
meow meow meow meow meow, meow meow meow meow. Meow
meow meow meow, meow meow meow meow meow meow meow
meow. Meow meow meow meow meow meow, meow meow meow
meow meow meow meow meow.

Meow meow meow meow meow meow. Meow meow meow,
meow meow meow meow meow meow meow. Meow meow meow
meow, meow meow meow meow. Meow meow meow meow. Meow meow
meow meow. Meow meow. Meow meow meow meow meow meow
meow, meow meow. Meow meow, meow meow meow.

Meow meow meow meow meow meow meow meow meow
meow. Meow meow meow meow meow meow meow meow meow,
meow meow meow. Meow meow meow meow meow meow meow
meow. Meow meow meow meow meow. Meow meow meow meow meow
meow, meow meow meow meow meow. Meow meow meow meow meow
meow meow meow meow meow, meow meow meow.

Meow meow meow meow meow. Meow meow meow meow
meow. Meow meow meow meow meow meow meow meow. Meow
meow meow meow meow, meow meow meow meow. Meow meow
meow meow meow, meow meow. Meow meow meow meow meow
meow meow, meow meow meow meow. Meow meow meow meow
meow meow meow meow meow meow. Meow meow meow. Meow
meow meow meow meow. Meow meow meow meow meow, meow
meow meow meow meow meow.

Meow meow. Meow meow meow meow meow meow. Meow
meow meow meow meow meow. Meow meow meow meow meow,
meow meow meow meow meow meow meow meow. Meow meow
meow meow meow meow meow. Meow meow meow meow meow meow.
Meow meow meow meow meow meow. Meow meow, meow meow
meow meow meow meow. Meow meow meow meow meow meow,
meow meow meow.

Meow meow meow meow meow meow meow meow meow.
Meow meow meow meow, meow meow meow meow meow meow. Meow
meow meow meow meow meow meow, meow meow meow meow.
Meow meow meow meow meow meow, meow meow meow meow
meow meow. Meow meow meow meow meow meow. Meow meow
meow meow meow. Meow meow, meow meow meow meow meow
meow meow. Meow meow meow meow, meow meow meow meow
meow. Meow meow meow meow, meow meow meow meow meow
meow.

10

Meow meow meow meow meow. Meow meow meow. Meow meow meow, meow meow meow meow. Meow meow meow, meow meow meow. Meow meow meow meow, meow meow meow. Meow meow meow meow, meow meow. Meow meow meow meow. Meow meow meow, meow meow meow meow meow meow meow. Meow meow meow meow meow, meow meow meow meow.

Meow meow meow. Meow meow meow meow meow meow meow. Meow meow meow meow meow meow. Meow meow meow meow, meow meow meow meow meow meow meow meow meow. Meow meow meow meow meow, meow. Meow meow meow meow meow meow meow meow meow, meow meow meow. Meow meow meow meow meow meow meow meow meow. Meow meow meow meow meow meow meow meow. Meow meow meow meow meow meow, meow meow meow. Meow meow meow meow meow meow meow, meow meow meow.

Meow meow meow meow meow meow meow meow. Meow meow meow. Meow meow meow meow, meow meow meow meow meow meow. Meow meow meow meow meow meow meow meow, meow meow meow meow meow meow meow meow meow. Meow meow meow meow. Meow meow meow meow, meow. Meow meow meow meow meow meow, meow meow meow meow meow meow.

Meow meow meow. Meow meow meow meow meow. Meow meow meow meow meow, meow meow meow. Meow meow meow meow meow, meow meow meow meow meow meow meow meow meow. Meow meow meow meow meow meow meow meow meow. Meow meow meow meow meow meow. Meow meow, meow meow meow meow meow meow meow. Meow meow meow meow meow, meow.

Meow meow meow meow meow. Meow meow meow meow meow, meow meow meow meow meow meow meow. Meow meow meow meow meow meow, meow meow. Meow meow meow meow meow. Meow meow meow meow meow meow meow meow meow meow meow. Meow meow, meow meow meow meow.

Meow meow meow meow meow meow meow. Meow meow meow meow meow, meow meow. Meow meow meow meow. Meow meow meow. Meow meow meow meow meow, meow meow meow meow meow meow. Meow meow meow, meow meow meow meow.

Meow meow meow meow meow meow meow. Meow meow meow meow meow meow. Meow meow meow meow meow, meow meow meow meow. Meow meow meow meow meow meow meow, meow

meow meow meow meow. Meow meow meow meow. Meow meow
meow meow meow meow. Meow meow meow meow meow. Meow
meow meow meow, meow meow meow. Meow meow, meow meow.

Meow meow meow meow meow meow meow meow. Meow
meow meow meow meow meow meow, meow meow meow. Meow
meow meow meow meow meow meow meow, meow meow meow
meow meow meow. Meow meow meow meow meow, meow meow
meow meow meow meow meow. Meow meow meow meow meow
meow meow, meow meow meow meow. Meow meow meow meow
meow. Meow meow meow meow meow meow meow meow. Meow
meow meow meow meow meow meow meow. Meow meow meow meow
meow meow meow meow, meow meow meow. Meow meow meow
meow meow, meow meow meow meow meow meow meow meow
meow.

Meow meow meow meow meow meow meow meow meow.
Meow meow meow meow meow meow. Meow meow meow meow
meow meow meow meow, meow meow meow. Meow meow meow
meow meow, meow meow meow meow meow. Meow meow meow
meow meow meow meow meow meow meow. Meow meow meow
meow meow meow meow. Meow meow meow meow. Meow meow
meow meow meow, meow meow meow meow. Meow meow meow
meow meow meow meow meow meow, meow meow meow meow
meow meow.

Meow meow meow meow meow. Meow meow meow meow
meow meow meow, meow. Meow meow meow meow meow meow
meow, meow meow meow meow meow meow meow. Meow meow meow
meow meow meow meow. Meow meow. Meow meow meow meow
meow meow. Meow meow meow meow meow, meow meow meow
meow meow meow. Meow meow meow meow meow meow meow,
meow meow meow meow. Meow meow meow meow, meow meow.
Meow meow meow meow meow meow meow meow meow, meow
meow meow meow meow meow meow meow.

Meow meow meow meow meow. Meow meow meow meow
meow meow meow. Meow meow meow meow meow, meow meow
meow meow meow meow meow. Meow meow meow meow meow
meow, meow meow meow meow meow. Meow meow meow meow
meow meow meow meow. Meow meow meow meow meow, meow
meow meow.

Meow meow meow meow meow meow meow meow. Meow
meow meow. Meow meow meow. Meow meow meow meow meow

meow meow. Meow meow meow, meow meow meow meow. Meow
meow meow meow meow meow, meow meow meow meow meow meow
meow. Meow meow meow meow meow, meow meow meow. Meow
meow, "Meow meow meow". Meow meow meow, "Meow meow
meow meow meow". Meow meow, "Meow meow meow meow meow
meow". Meow meow meow meow meow, meow meow meow meow.
Meow meow meow meow meow, meow meow meow meow. Meow
meow meow meow, meow meow meow.

Meow meow meow meow meow. Meow meow meow. Meow
meow meow meow, meow. Meow meow meow meow meow, meow
meow meow meow meow meow meow meow. Meow meow meow, "Meow
meow meow meow meow". Meow, "Meow meow meow meow
meow". Meow meow, "Meow meow meow meow". Meow meow,
"Meow meow meow meow meow". Meow, "Meow meow meow".
Meow meow meow meow meow meow, meow meow meow meow.
Meow meow meow meow meow, meow.

Meow meow meow. Meow meow meow meow meow. Meow
meow meow meow. Meow meow meow meow, meow meow meow
meow meow meow meow meow meow. Meow meow meow meow meow
meow meow meow meow, meow meow meow meow. Meow meow,
"Meow meow meow meow". Meow meow meow, "Meow meow
meow meow meow meow". Meow meow meow meow, "Meow meow
meow meow meow meow". Meow meow meow, "Meow meow meow
meow meow meow meow". Meow meow, "Meow meow meow".
Meow meow meow, meow meow meow meow. Meow meow meow,
meow meow meow meow. Meow meow meow meow meow, meow
meow.

Meow meow meow meow meow meow meow meow meow.
Meow meow meow meow meow. Meow meow meow meow meow
meow meow. Meow meow meow meow. Meow meow meow meow,
meow meow meow meow. Meow meow meow meow, meow meow
meow meow meow meow meow. Meow meow, "Meow meow
meow". Meow, "Meow meow meow meow meow meow". Meow
meow meow meow meow meow meow meow, meow meow meow meow.
Meow meow meow meow meow meow meow meow meow meow,
meow meow meow meow meow meow. Meow meow meow meow
meow meow, meow meow meow meow meow meow meow meow.

Meow meow. Meow meow meow. Meow meow meow.
Meow meow meow meow meow meow, meow. Meow, "Meow meow
meow". Meow meow, "Meow meow meow meow". Meow meow

meow, "Meow meow meow meow meow meow meow meow".
Meow, "Meow meow meow meow". Meow meow meow, meow
meow meow meow.

Meow meow meow. Meow meow meow meow meow meow
meow meow meow. Meow meow meow meow meow meow meow
meow. Meow meow meow meow meow meow, meow meow meow
meow. Meow meow meow meow meow meow, meow meow meow
meow meow meow. Meow meow meow meow meow meow meow,
meow meow meow meow meow. Meow meow meow meow meow,
meow meow meow. Meow meow, "Meow meow meow meow
meow". Meow, "Meow meow meow meow meow meow meow
meow". Meow meow meow, "Meow meow meow meow meow meow
meow meow meow meow meow". Meow meow meow meow, meow
meow meow meow meow meow meow meow. Meow meow meow meow,
meow meow meow. Meow meow meow meow meow meow meow
meow meow meow, meow meow meow meow meow.

Meow meow meow meow meow meow meow. Meow meow
meow meow meow meow meow meow. Meow meow meow meow, meow.
Meow meow meow meow, meow meow meow. Meow, "Meow
meow". Meow meow, "Meow meow meow meow". Meow meow
meow, "Meow meow meow meow meow meow meow". Meow meow
meow meow, "Meow meow meow". Meow, "Meow meow meow".
Meow meow meow, meow meow meow meow. Meow meow meow
meow meow meow meow, meow meow meow meow. Meow meow
meow meow meow meow, meow meow meow meow meow meow
meow meow.

Meow meow meow. Meow meow meow meow meow meow.
Meow meow meow meow meow, meow meow. Meow meow meow
meow meow meow, meow meow meow meow meow meow meow
meow meow. Meow meow meow meow meow meow, meow meow
meow. Meow meow meow, "Meow meow meow meow meow".
Meow meow meow, "Meow meow meow meow". Meow meow meow
meow meow meow, meow meow meow meow.

Meow meow meow meow meow meow meow meow. Meow
meow meow meow meow meow meow meow meow. Meow meow meow
meow meow meow. Meow meow meow meow meow meow meow,
meow meow meow. Meow meow meow, "Meow meow meow
meow". Meow meow meow, "Meow meow". Meow, "Meow meow
meow meow meow". Meow meow meow meow meow meow, meow
meow meow.

Meow meow meow meow meow meow meow meow. Meow
meow meow meow meow meow meow. Meow meow meow meow meow
meow meow meow, meow meow meow meow meow meow meow.
Meow meow meow meow meow, meow meow meow meow. Meow
meow meow, "Meow meow meow meow meow meow meow". Meow
meow meow, "Meow meow meow meow". Meow meow meow meow
meow, meow meow meow meow meow meow meow meow. Meow
meow meow meow meow, meow meow meow.

Meow meow meow meow meow meow meow meow. Meow
meow meow meow meow. Meow meow meow, meow meow meow
meow meow meow. Meow meow, "Meow meow". Meow meow,
"Meow meow meow meow meow". Meow meow, "Meow meow
meow meow meow meow". Meow, "Meow meow meow meow".
Meow meow, "Meow meow meow meow meow meow". Meow,
"Meow meow meow meow meow meow meow meow meow meow".
Meow meow meow, "Meow meow meow". Meow meow meow meow
meow meow meow meow, meow meow meow.

Meow meow meow. Meow meow meow meow. Meow meow
meow meow. Meow meow meow meow meow meow meow meow meow
meow, meow meow meow meow meow meow meow meow meow meow.
Meow meow meow meow meow meow, meow meow meow meow
meow meow. Meow meow meow, "Meow meow meow meow
meow". Meow, "Meow meow meow meow meow". Meow meow,
meow meow meow meow meow. Meow meow meow meow meow
meow meow meow, meow meow meow meow.

Meow meow meow meow meow meow meow meow meow
meow. Meow meow meow meow meow meow meow. Meow meow
meow meow meow meow, meow meow meow meow meow. Meow
meow, "Meow meow meow meow". Meow, "Meow meow". Meow
meow, "Meow meow meow meow". Meow meow, "Meow meow
meow". Meow meow meow meow meow meow, meow meow meow.

Meow meow meow meow meow meow meow meow meow.
Meow meow meow meow meow meow meow meow meow meow
meow. Meow meow meow meow meow meow, meow meow meow.
Meow meow meow, meow meow meow meow. Meow, "Meow meow
meow meow". Meow meow meow meow, "Meow meow meow meow
meow meow meow meow". Meow meow, "Meow meow meow meow
meow meow meow meow". Meow meow meow meow meow meow
meow, meow meow meow meow meow meow meow meow meow.
Meow meow meow, meow meow meow.

Meow meow meow. Meow meow meow, meow meow meow meow. Meow meow meow meow meow meow meow meow, meow meow meow meow. Meow meow meow meow meow meow meow meow meow, meow meow meow meow meow. Meow meow, "Meow meow meow meow". Meow meow, "Meow meow meow meow meow". Meow meow, "Meow meow meow meow meow meow meow". Meow meow meow meow meow, meow meow meow. Meow meow meow meow meow meow, meow. Meow meow meow meow meow meow meow meow meow, meow meow meow meow meow meow meow meow. Meow meow meow meow meow meow meow meow meow meow meow, meow meow.

Meow meow meow meow meow meow meow meow meow. Meow meow meow meow meow meow meow meow meow. Meow meow meow meow meow. Meow meow meow meow meow meow meow meow, meow meow meow meow meow meow. Meow meow meow, meow meow meow. Meow meow meow meow meow meow meow meow, meow meow meow. Meow meow, "Meow meow meow meow meow meow meow meow meow". Meow meow meow, "Meow meow". Meow, "Meow meow meow meow". Meow meow, "Meow meow meow meow meow meow meow meow meow". Meow meow, "Meow meow meow meow meow". Meow meow meow meow meow meow, meow meow. Meow meow meow meow meow, meow meow meow.

Meow meow meow meow meow meow meow meow. Meow meow meow meow meow meow meow meow. Meow meow meow meow meow, meow meow meow meow meow meow meow meow. Meow meow meow meow meow meow meow meow meow, meow meow meow meow meow. Meow, "Meow meow meow meow meow". Meow, "Meow meow meow meow meow". Meow, "Meow meow". Meow meow meow meow meow meow meow meow, meow meow meow meow meow meow meow meow. Meow meow meow meow, meow meow meow. Meow meow, meow meow meow meow.

Meow meow. Meow meow meow meow meow meow. Meow meow meow meow meow meow meow meow, meow meow meow meow meow. Meow meow meow meow meow meow meow, meow meow meow meow. Meow meow meow, meow meow. Meow meow, "Meow meow meow meow meow meow". Meow meow meow, "Meow meow meow meow meow meow". Meow meow, "Meow meow meow". Meow, "Meow meow meow meow meow meow".

Meow meow, "Meow meow meow meow". Meow meow meow meow meow, meow meow meow meow meow.

Meow meow meow meow meow meow. Meow meow meow meow meow meow meow meow. Meow meow. Meow meow meow, meow. Meow meow meow meow meow meow meow, meow meow meow meow meow. Meow meow meow meow, meow meow meow meow meow. Meow meow meow, "Meow meow meow meow meow". Meow meow meow meow, "Meow meow meow meow meow meow meow meow meow". Meow meow, "Meow meow meow meow meow meow meow meow meow meow". Meow meow, "Meow meow meow meow". Meow meow meow meow meow, meow meow. Meow meow meow meow meow meow meow, meow meow meow meow meow.

Meow meow meow. Meow meow meow. Meow meow meow meow meow meow meow meow. Meow meow, meow meow meow meow meow meow meow. Meow meow meow, meow meow. Meow meow meow meow, meow. Meow meow, "Meow meow meow meow meow". Meow, "Meow meow meow meow meow meow meow". Meow, "Meow meow meow meow meow". Meow meow, "Meow meow". Meow meow, "Meow meow meow". Meow meow meow, "Meow meow meow meow meow". Meow meow meow meow, "Meow meow meow meow meow". Meow meow, meow meow meow meow meow. Meow meow meow meow meow, meow meow.

Meow meow meow. Meow meow meow meow meow meow meow. Meow meow meow. Meow meow meow meow meow meow meow, meow meow meow meow. Meow meow meow meow meow meow meow meow, meow meow meow meow meow. Meow meow meow meow, meow meow meow. Meow meow meow meow, meow meow meow. Meow meow meow, "Meow meow meow meow meow". Meow meow meow, "Meow meow meow". Meow meow, "Meow meow". Meow meow meow meow meow, meow meow meow. Meow meow meow meow meow, meow. Meow meow meow meow meow meow meow meow meow meow, meow meow meow meow meow meow meow meow. Meow meow meow meow meow meow meow meow, meow meow meow.

Meow meow meow meow. Meow meow meow meow meow. Meow meow meow, meow meow meow meow meow meow meow. Meow meow meow, meow meow meow meow. Meow meow, meow meow meow meow meow meow meow. Meow meow meow meow, meow meow. Meow meow meow, "Meow meow meow meow meow". Meow, "Meow meow meow meow meow meow". Meow meow meow, "Meow meow meow meow meow meow meow meow

meow". Meow meow meow meow meow, meow meow meow meow
meow. Meow meow meow meow, meow meow meow meow meow
meow.

MEOW

Meow meow. Meow meow meow.

Meow meow, "Meow meow meow meow meow".

Meow, "Meow meow meow meow meow meow meow meow meow".

Meow meow meow meow, "Meow meow meow meow".

Meow meow, "Meow meow".

Meow meow, "Meow meow meow meow meow meow meow meow meow meow".

Meow meow. Meow meow.

Meow meow, "Meow meow meow meow meow".

Meow meow meow meow.

Meow meow, "Meow meow meow meow".

Meow, "Meow meow meow".

Meow meow meow meow meow.

Meow meow, "Meow meow meow meow meow meow".

Meow meow meow meow meow.

Meow, "Meow meow meow meow meow meow meow meow".

Meow meow meow, "Meow meow meow".

Meow meow meow. Meow meow meow meow meow meow meow. Meow meow meow.

Meow meow, "Meow meow meow meow meow".

Meow meow meow meow, "Meow meow".

Meow meow, "Meow meow meow meow meow meow".

Meow meow meow meow meow meow meow meow meow meow. Meow meow meow meow. Meow meow meow meow.

Meow meow, "Meow meow meow meow meow meow meow meow".

Meow, "Meow meow meow meow meow meow meow".

Meow meow meow meow meow meow meow. Meow meow meow meow meow. Meow meow meow meow meow meow meow.

Meow meow meow meow, "Meow meow meow meow meow meow meow".

Meow meow meow, "Meow meow meow meow meow meow".

Meow meow meow meow meow meow meow meow. Meow meow meow.

Meow meow meow meow, "Meow meow meow meow meow meow meow meow".

Meow meow meow, "Meow meow meow".

Meow meow, "Meow meow meow meow meow".

Meow meow meow, "Meow meow meow".

Meow meow, "Meow meow meow meow meow".

Meow meow meow meow meow meow. Meow meow meow meow.

Meow, "Meow meow meow".

Meow, "Meow meow meow".

Meow meow meow meow, "Meow meow meow meow meow meow".

Meow meow meow, "Meow meow meow meow meow meow meow meow".

Meow meow meow meow meow. Meow meow meow meow meow.

Meow meow meow, "Meow meow meow meow meow".

Meow meow, "Meow meow meow meow meow meow meow".

Meow meow meow, "Meow meow meow meow meow meow".

Meow meow meow meow meow.

Meow meow, "Meow meow meow meow meow meow".

Meow meow meow, "Meow meow meow meow meow".

Meow meow, "Meow meow meow meow meow meow meow meow meow".

Meow meow meow, "Meow meow meow meow meow meow meow meow".

Meow, "Meow meow meow".

Meow meow meow, "Meow meow meow".

Meow, "Meow meow meow meow meow meow meow".

Meow meow meow, "Meow meow meow meow meow meow".

Meow meow meow meow meow meow meow meow meow. Meow meow meow meow meow.

Meow, "Meow meow meow meow meow meow meow meow".

Meow meow, "Meow meow meow meow meow meow meow".

Meow, "Meow meow meow meow".

Meow, "Meow meow meow".

Meow, "Meow meow meow meow meow meow".

Meow meow meow meow, "Meow meow meow meow meow meow meow meow".

Meow meow meow meow meow. Meow meow meow meow meow meow meow meow.

Meow meow, "Meow meow meow meow meow".

Meow meow, "Meow meow meow meow meow meow meow".

Meow meow, "Meow meow meow".

Meow meow meow. Meow meow meow meow meow meow meow. Meow meow meow meow meow meow meow.

Meow meow meow, "Meow meow meow meow meow meow".

Meow meow, "Meow meow meow meow".

Meow meow meow, "Meow meow meow meow meow meow meow meow meow".

Meow meow meow meow meow meow. Meow meow meow. Meow meow meow meow meow.

Meow meow, "Meow meow meow meow meow".

Meow meow, "Meow meow meow meow meow meow meow meow".

Meow meow meow, "Meow meow meow meow meow meow".

Meow meow meow meow meow. Meow meow meow meow meow meow.

Meow, "Meow meow meow meow meow meow".
Meow meow meow, "Meow meow meow meow meow".
Meow meow, "Meow meow meow meow meow meow".
Meow meow meow meow meow meow. Meow meow meow meow. Meow meow meow meow meow meow meow meow.
Meow meow, "Meow meow meow".
Meow meow meow, "Meow meow meow meow".
Meow meow meow, "Meow meow meow meow".
Meow meow meow meow, "Meow meow meow meow meow meow".
Meow meow, "Meow meow meow".
Meow meow meow meow meow meow meow.
Meow meow, "Meow meow meow".
Meow meow, "Meow meow meow meow meow meow".
Meow meow meow, "Meow meow".
Meow meow meow meow meow meow meow. Meow meow meow meow.
Meow meow, "Meow meow meow meow".
Meow meow meow, "Meow meow".
Meow meow meow, "Meow meow meow meow meow meow".
Meow, "Meow meow meow meow meow meow".
Meow meow meow, "Meow meow meow meow meow".
Meow meow meow meow meow. Meow meow meow meow, meow meow meow. Meow meow meow meow, meow meow meow. Meow meow meow meow meow meow. Meow meow, meow meow meow.
Meow meow meow meow. Meow meow meow meow meow. Meow meow meow meow meow. Meow meow meow meow, meow. Meow meow meow meow meow, meow meow. Meow meow meow meow. Meow meow meow meow meow, meow meow meow meow meow. Meow meow meow meow meow meow meow, meow meow meow.
Meow meow meow meow meow. Meow meow meow. Meow meow meow meow meow meow meow meow. Meow meow meow. Meow meow meow, meow. Meow meow meow. Meow meow meow meow meow. Meow meow meow meow meow meow meow meow, meow meow meow meow meow meow.
Meow meow meow meow meow meow meow meow. Meow meow meow meow meow meow meow meow meow. Meow meow,

meow meow meow meow. Meow meow meow, meow meow meow
meow meow meow. Meow meow meow meow meow meow, meow
meow. Meow meow meow meow meow meow. Meow meow meow
meow meow meow meow. Meow meow meow, meow meow meow
meow. Meow meow meow meow, meow meow meow meow.

    Meow meow meow meow meow meow meow. Meow meow
meow meow meow meow meow. Meow meow meow meow meow,
meow meow meow meow meow meow meow. Meow meow meow
meow meow meow meow, meow meow meow meow meow meow
meow meow. Meow meow meow meow meow, meow meow meow
meow meow. Meow meow meow meow meow meow, meow meow
meow meow meow meow. Meow meow meow meow meow meow
meow. Meow meow meow. Meow meow meow meow. Meow meow,
meow meow meow meow. Meow meow meow meow meow meow
meow, meow meow meow meow meow meow. Meow meow meow
meow meow meow meow, meow meow meow meow meow. Meow
meow, meow meow meow meow meow meow meow.

    Meow meow meow meow. Meow meow meow meow meow
meow meow. Meow meow meow meow meow, meow meow meow
meow meow meow meow meow. Meow meow meow meow meow
meow meow meow. Meow meow meow meow meow meow meow
meow meow. Meow meow meow meow meow meow meow meow
meow, meow meow meow meow meow meow meow meow. Meow meow
meow meow meow meow meow meow meow meow, meow meow
meow meow.

    Meow meow meow meow. Meow meow meow meow. Meow
meow meow meow meow. Meow meow meow, meow meow meow
meow meow meow meow. Meow meow meow meow meow, meow
meow. Meow meow meow meow meow meow meow. Meow meow.
Meow meow meow meow meow. Meow meow meow. Meow meow
meow meow meow meow meow, meow meow meow meow meow
meow. Meow meow meow meow meow, meow meow meow meow.
Meow meow meow, meow.

    Meow meow meow meow meow meow. Meow meow meow
meow, meow meow meow meow meow meow meow meow. Meow meow
meow, meow meow meow meow meow. Meow meow meow meow, meow
meow. Meow meow meow meow. Meow meow. Meow meow meow
meow meow meow meow, meow meow meow meow meow meow
meow meow. Meow meow meow meow meow meow, meow meow.

Meow meow meow meow meow. Meow meow meow meow meow meow meow. Meow meow meow meow meow, meow meow meow meow. Meow meow meow, meow meow meow meow meow. Meow meow meow meow meow meow meow meow meow meow, meow meow. Meow meow meow meow meow. Meow meow meow. Meow meow meow meow, meow meow meow. Meow meow meow meow, meow.

Meow meow meow meow meow meow. Meow meow meow meow meow meow meow meow. Meow meow meow. Meow meow meow meow meow, meow meow. Meow meow meow meow, meow meow meow meow meow meow meow. Meow meow meow meow meow meow meow meow, meow meow meow meow. Meow meow meow meow meow meow meow meow meow meow. Meow meow meow meow meow meow. Meow meow meow meow meow meow meow meow meow meow meow. Meow meow meow meow meow meow meow. Meow meow meow meow meow, meow meow meow meow meow. Meow meow meow meow, meow meow meow meow meow meow. Meow meow meow meow, meow meow meow meow meow meow meow.

Meow meow meow meow meow meow meow. Meow meow meow meow meow meow meow meow meow meow. Meow meow meow. Meow meow meow meow meow meow, meow meow meow meow. Meow meow meow meow meow meow meow meow. Meow meow meow meow meow. Meow meow meow meow meow, meow meow meow. Meow meow meow meow meow meow meow meow, meow meow meow meow. Meow meow meow meow meow meow, meow meow meow.

Meow meow meow meow meow meow meow meow meow. Meow meow meow meow. Meow meow meow meow. Meow meow meow meow meow meow, meow meow meow. Meow meow meow meow meow, meow meow meow meow. Meow meow meow meow, meow meow meow. Meow meow meow meow meow meow meow meow. Meow meow meow meow meow meow meow. Meow meow meow meow meow meow, meow meow meow meow meow. Meow meow meow meow meow, meow meow. Meow meow meow meow meow meow, meow meow meow. Meow meow meow meow meow meow meow, meow meow meow meow meow.

Meow meow meow. Meow meow meow meow meow meow meow. Meow meow meow meow, meow meow. Meow meow, meow meow meow meow meow meow meow. Meow meow meow meow meow meow meow meow. Meow meow meow meow meow meow.

Meow meow meow meow meow meow meow meow. Meow meow
meow meow, meow meow meow meow meow meow meow meow.
Meow meow meow meow meow meow, meow meow meow. Meow
meow meow meow meow meow meow meow meow meow, meow
meow meow.

Meow meow meow meow meow meow meow meow. Meow
meow, meow meow meow meow. Meow meow meow, meow meow
meow meow meow. Meow meow meow meow meow meow meow
meow. Meow meow. Meow meow meow meow meow meow, meow
meow. Meow meow meow meow, meow meow.

Meow meow meow. Meow meow meow meow meow meow.
Meow meow meow meow meow, meow meow meow meow. Meow
meow meow meow. Meow meow meow meow meow meow meow. Meow
meow meow meow meow meow, meow meow meow. Meow
meow meow meow meow meow, meow meow. Meow meow meow
meow meow meow meow, meow meow meow meow meow.

Meow meow meow meow meow meow meow. Meow meow
meow meow meow, meow meow meow meow meow meow meow
meow meow. Meow meow meow, meow meow meow. Meow meow
meow, meow meow meow. Meow meow meow. Meow meow meow
meow meow. Meow meow meow meow meow meow meow, meow
meow meow meow.

Meow meow meow meow. Meow meow meow meow meow
meow meow meow. Meow meow meow meow meow. Meow meow
meow meow meow meow. Meow meow meow meow meow meow,
meow meow meow meow meow. Meow meow meow meow meow
meow, meow. Meow meow meow meow meow meow meow, meow
meow. Meow meow meow meow. Meow meow meow meow meow
meow, meow meow meow meow meow. Meow meow meow meow,
meow meow meow meow.

Meow meow meow meow. Meow meow meow meow meow
meow meow, meow meow meow meow meow meow. Meow meow meow
meow meow, meow meow meow meow meow meow meow. Meow meow
meow. Meow meow. Meow meow meow meow meow meow meow
meow. Meow meow meow. Meow meow meow meow, meow meow
meow meow meow meow meow meow. Meow meow, meow meow
meow meow. Meow meow meow meow, meow meow meow meow
meow.

Meow meow meow meow meow meow meow. Meow meow
meow meow meow meow meow meow meow meow. Meow meow

meow. Meow meow meow. Meow meow meow meow meow meow,
meow meow meow. Meow meow meow meow meow, meow meow
meow. Meow meow meow meow meow meow meow meow, meow
meow. Meow meow meow meow meow meow meow meow. Meow
meow meow meow meow. Meow meow meow meow meow meow.
Meow meow meow meow meow meow meow meow, meow meow.
Meow meow meow meow, meow meow meow meow meow. Meow
meow meow, meow meow meow meow meow meow meow meow.
Meow meow meow meow, meow meow.

Meow meow meow meow meow meow. Meow meow meow
meow meow. Meow meow meow meow meow meow meow, meow
meow meow meow meow. Meow meow meow meow meow meow,
meow meow meow meow. Meow meow meow, meow meow meow
meow meow. Meow meow meow meow meow meow meow. Meow
meow meow meow meow meow, meow meow meow meow meow
meow meow.

Meow meow meow meow. Meow meow meow meow meow
meow meow meow. Meow meow meow. Meow meow meow meow,
meow meow. Meow meow meow meow meow meow, meow meow
meow meow meow meow meow.

Meow, "Meow meow meow meow meow meow meow
meow".

Meow, "Meow meow meow meow meow".

Meow meow meow, "Meow meow meow meow meow meow
meow". Meow meow meow meow meow meow meow meow meow
meow meow meow, meow meow meow meow meow meow. Meow
meow meow meow, meow meow meow meow meow meow meow
meow. Meow meow meow meow meow meow, meow meow meow
meow meow meow meow meow.

Meow meow meow meow. Meow meow meow meow meow.
Meow meow. Meow meow meow meow meow, meow meow. Meow
meow meow meow meow meow meow meow, meow meow meow
meow meow meow meow meow meow. Meow meow meow meow
meow, meow meow meow meow meow meow meow meow.

Meow meow, "Meow meow meow meow meow meow
meow".

Meow, "Meow meow meow meow meow meow meow
meow".

Meow meow meow meow, "Meow meow meow".

26

Meow meow meow, "Meow meow meow meow meow".
Meow meow meow meow meow, meow. Meow meow meow, meow
meow meow meow meow meow.

Meow meow meow meow. Meow meow meow meow meow.
Meow meow meow meow. Meow meow meow, meow meow.

Meow, "Meow meow meow".

Meow meow meow, "Meow meow meow meow meow".

Meow meow, "Meow meow meow meow meow meow
meow".

Meow meow, "Meow meow meow meow meow". Meow
meow meow, meow meow meow meow meow. Meow meow meow
meow meow meow meow meow meow meow, meow meow meow
meow meow.

Meow meow meow meow meow meow meow meow. Meow
meow meow meow meow. Meow meow meow. Meow meow meow
meow meow. Meow meow meow meow meow meow meow meow,
meow meow meow meow meow meow meow meow. Meow meow
meow, meow meow.

Meow meow, "Meow meow meow meow meow meow
meow".

Meow meow meow, "Meow meow meow meow meow".

Meow, "Meow meow meow meow meow meow meow".

Meow meow meow meow, "Meow meow meow meow meow
meow meow". Meow meow meow, meow meow meow meow meow
meow.

Meow meow meow meow meow. Meow meow meow meow
meow meow meow meow. Meow meow meow meow meow meow
meow, meow meow meow meow meow. Meow meow meow meow,
meow meow meow meow meow.

Meow meow, "Meow meow meow".

Meow meow meow meow, "Meow meow meow meow meow
meow meow meow". Meow meow meow, meow meow meow meow
meow meow. Meow meow meow meow meow, meow meow meow.

Meow meow meow meow meow. Meow meow meow meow
meow meow. Meow meow meow meow meow meow meow. Meow
meow meow. Meow meow meow meow meow, meow meow meow
meow meow meow. Meow meow meow meow, meow meow.

Meow, "Meow meow meow". Meow meow meow meow,
meow meow meow meow meow.

Meow meow meow meow meow meow meow meow meow
meow. Meow meow meow meow. Meow meow meow meow meow.
Meow meow meow meow. Meow meow meow meow meow, meow
meow meow meow. Meow meow meow meow meow meow meow
meow, meow meow meow meow meow. Meow meow meow meow
meow, meow meow meow meow meow meow meow meow meow.
Meow meow meow meow meow meow, meow meow meow meow
meow.

Meow, "Meow meow meow meow meow".

Meow meow meow, "Meow meow".

Meow meow meow meow, "Meow meow meow meow".

Meow, "Meow meow meow meow meow meow".

Meow meow meow, "Meow meow". Meow meow meow,
meow meow meow. Meow meow meow meow, meow meow meow
meow.

Meow meow meow meow meow meow meow meow. Meow
meow meow meow meow meow meow meow meow meow meow
meow. Meow meow meow meow meow meow, meow meow meow
meow.

Meow meow meow, "Meow meow meow meow meow meow
meow meow meow meow".

Meow, "Meow meow meow meow meow".

Meow meow meow, "Meow meow meow meow meow meow
meow".

Meow, "Meow meow meow meow meow".

Meow meow, "Meow meow meow meow meow meow
meow".

Meow meow, "Meow meow".

Meow meow meow, "Meow meow meow meow meow meow
meow". Meow meow meow meow meow meow meow, meow meow
meow meow meow meow meow meow meow meow. Meow meow
meow meow meow meow meow meow, meow meow meow meow
meow meow meow.

Meow meow meow meow meow meow. Meow meow meow
meow. Meow meow meow meow meow, meow meow. Meow meow
meow meow meow, meow meow meow meow. Meow meow meow, meow
meow meow. Meow meow meow meow, meow meow meow.

Meow meow, "Meow meow meow meow meow meow".

Meow meow, "Meow meow meow".

Meow, "Meow meow meow meow meow". Meow meow meow meow meow meow, meow meow meow meow.

Meow meow meow meow meow. Meow meow meow, meow meow meow meow. Meow meow meow meow meow meow meow meow meow meow, meow meow. Meow meow meow meow meow meow, meow meow meow.

Meow meow meow, "Meow meow meow meow meow meow meow".

Meow, "Meow meow meow meow meow meow meow".
Meow, "Meow meow".

Meow meow meow, "Meow meow meow".

Meow meow meow meow, "Meow meow meow meow meow". Meow meow, meow. Meow meow, meow meow meow meow meow meow. Meow meow meow meow meow, meow meow meow meow meow.

Meow meow meow meow meow meow meow meow. Meow meow meow meow meow meow meow meow meow meow. Meow meow meow meow meow meow meow meow. Meow meow meow meow meow meow meow, meow meow. Meow meow, meow.

Meow meow, "Meow meow meow".

Meow meow, "Meow meow meow meow meow meow".

Meow, "Meow meow meow".

Meow meow meow, "Meow meow".

Meow meow meow, "Meow meow meow".

Meow meow meow, "Meow meow". Meow meow meow meow meow meow meow meow, meow meow meow meow.

Meow meow meow meow meow. Meow meow meow meow meow meow meow meow meow meow meow, meow meow meow. Meow meow meow meow meow meow, meow meow meow meow.

Meow meow, "Meow meow meow meow meow".

Meow meow meow, "Meow meow meow meow".

Meow, "Meow meow meow meow meow meow".

Meow, "Meow meow meow meow meow meow meow meow".

Meow meow meow, "Meow meow meow meow meow meow".

Meow, "Meow meow meow meow meow meow". Meow meow meow meow meow meow meow meow meow, meow meow meow meow meow meow.

Meow meow meow. Meow meow meow meow meow. Meow meow meow meow. Meow meow meow meow, meow. Meow meow meow meow, meow meow meow meow.

Meow meow meow, "Meow meow".

Meow, "Meow meow meow meow meow".

Meow meow, "Meow meow meow meow meow".

Meow meow meow, "Meow meow meow".

Meow meow meow, "Meow meow meow". Meow meow meow meow, meow meow. Meow meow meow meow meow meow, meow meow meow meow meow meow meow. Meow meow meow, meow meow meow meow meow meow.

Meow meow meow meow meow meow. Meow meow meow meow meow. Meow meow meow meow meow meow meow meow meow. Meow meow meow meow meow meow meow, meow meow meow meow. Meow meow meow meow meow, meow meow.

Meow meow, "Meow meow meow meow meow meow".

Meow meow, "Meow meow meow meow meow".

Meow meow, "Meow meow meow meow meow meow meow".

Meow meow meow, "Meow meow meow meow meow".

Meow, "Meow meow meow".

Meow, "Meow meow meow meow". Meow meow meow meow, meow meow meow meow meow meow meow meow meow meow.

Meow meow meow meow meow. Meow meow meow meow. Meow meow meow meow meow. Meow meow meow meow meow meow meow meow meow. Meow meow meow meow meow meow, meow meow meow meow. Meow meow meow meow meow, meow meow meow meow meow meow meow meow. Meow meow meow meow meow, meow meow meow.

Meow meow, "Meow meow meow meow meow meow meow".

Meow meow meow, "Meow meow meow meow meow meow meow".

Meow, "Meow meow meow meow meow".

Meow meow meow, "Meow meow meow meow meow".

Meow meow meow meow, "Meow meow meow meow meow meow meow".

Meow meow meow, "Meow meow". Meow meow meow meow meow, meow meow meow. Meow meow meow meow meow, meow meow meow meow.

Meow meow meow meow. Meow meow meow meow meow meow meow meow meow. Meow meow meow meow meow meow meow, meow meow meow meow meow meow meow meow. Meow meow meow, meow meow meow meow.

Meow meow meow meow, "Meow meow meow meow meow".

Meow meow, "Meow meow meow meow meow meow meow meow".

Meow meow, "Meow meow meow meow meow meow".

Meow meow, "Meow meow meow meow". Meow meow meow meow meow meow, meow meow meow. Meow meow meow meow meow meow meow meow, meow meow meow meow meow.

Meow meow meow meow meow. Meow meow meow meow meow. Meow meow meow. Meow meow meow, meow meow meow meow meow. Meow meow meow, meow meow meow meow meow meow.

Meow meow, "Meow meow meow meow".

Meow meow meow, "Meow meow". Meow meow meow meow meow, meow meow meow meow.

Meow meow. Meow meow meow meow meow meow meow meow meow, meow meow meow meow meow meow meow. Meow meow meow meow meow meow meow. Meow meow meow meow meow meow meow. Meow meow meow meow meow, meow meow meow.

Meow meow meow meow meow meow. Meow meow meow. Meow meow meow meow meow meow meow. Meow meow meow meow, meow meow meow. Meow meow meow meow meow meow meow meow meow, meow meow meow meow meow meow meow meow. Meow meow. Meow meow meow. Meow meow meow meow meow meow meow. Meow meow meow meow meow meow, meow meow meow meow. Meow meow meow meow meow, meow. Meow meow meow meow meow, meow meow meow meow meow meow meow.

Meow meow meow meow meow meow. Meow meow. Meow meow meow meow meow, meow meow meow. Meow meow. Meow meow meow meow meow. Meow meow meow meow meow meow meow. Meow meow meow meow, meow meow. Meow meow meow meow meow, meow meow meow meow.

Meow meow meow meow. Meow meow meow, meow meow meow. Meow meow meow, meow meow meow. Meow meow meow meow meow meow meow meow, meow meow. Meow meow

meow meow meow meow, meow meow meow. Meow meow meow
meow. Meow meow, meow meow meow meow meow meow meow.
Meow meow meow meow meow meow, meow meow meow meow
meow meow meow. Meow meow meow meow meow meow meow,
meow meow meow meow meow meow meow meow.

Meow meow meow meow. Meow meow meow meow meow.
Meow meow meow meow meow. Meow meow, meow meow meow
meow meow meow. Meow meow meow meow meow. Meow meow
meow meow meow meow meow, meow meow meow meow meow
meow. Meow meow meow meow meow meow, meow meow meow.
Meow meow meow, meow meow.

Meow meow. Meow meow meow meow meow meow. Meow
meow meow meow meow meow meow meow, meow meow meow.
Meow meow meow meow, meow meow meow. Meow meow meow
meow meow meow, meow meow. Meow meow meow meow meow
meow meow meow, meow meow meow meow meow meow meow
meow. Meow meow meow meow meow meow. Meow meow meow
meow. Meow meow meow meow meow, meow. Meow meow meow
meow meow meow, meow meow meow meow meow meow meow
meow meow meow meow.

Meow meow meow meow meow. Meow meow meow meow.
Meow meow meow meow, meow meow meow meow meow meow
meow. Meow meow meow meow meow meow meow meow, meow
meow. Meow meow meow meow meow. Meow meow meow meow
meow meow meow meow meow meow, meow meow meow meow
meow. Meow meow meow meow, meow meow meow meow.

Meow meow meow meow meow meow meow meow. Meow
meow meow meow meow meow meow meow. Meow meow meow meow
meow meow, meow meow meow meow meow meow meow meow.
Meow meow meow meow meow meow meow, meow meow meow
meow meow. Meow meow meow meow, meow meow meow meow
meow meow. Meow meow meow meow. Meow meow meow meow.
Meow meow meow meow meow meow meow meow meow. Meow
meow meow, meow. Meow meow meow meow meow meow meow
meow, meow meow. Meow meow meow meow meow meow meow
meow, meow meow.

Meow meow meow meow meow meow meow. Meow meow
meow meow, meow meow meow meow meow meow meow meow. Meow
meow meow meow meow, meow meow meow meow meow meow meow

meow. Meow meow meow meow meow meow meow meow meow.
Meow meow meow meow meow meow meow, meow meow.

Meow meow meow meow meow meow. Meow meow meow
meow, meow meow meow meow meow meow. Meow meow meow
meow meow meow meow meow, meow meow meow meow meow meow.
Meow meow meow meow meow, meow. Meow meow meow meow
meow meow meow. Meow meow meow. Meow meow meow, meow
meow. Meow meow meow, meow meow meow meow. Meow meow
meow, meow meow meow meow meow meow. Meow meow meow, meow.

Meow meow meow. Meow meow. Meow meow meow
meow. Meow meow, meow meow meow meow meow meow. Meow
meow meow meow, meow meow meow meow meow. Meow meow
meow meow, meow meow meow meow meow. Meow meow meow.
Meow meow meow meow meow meow. Meow meow meow meow,
meow meow meow meow meow meow.

Meow meow meow. Meow meow meow meow, meow meow
meow. Meow meow meow meow meow meow meow meow meow
meow, meow meow meow meow meow meow meow meow. Meow meow
meow, meow meow meow meow meow meow meow meow. Meow meow
meow, meow meow meow meow meow meow meow meow meow. Meow
meow meow. Meow meow meow meow meow meow meow meow,
meow meow meow meow meow meow meow. Meow meow meow
meow meow meow meow meow, meow meow meow meow meow
meow.

Meow meow meow. Meow meow. Meow meow meow meow
meow meow meow. Meow meow meow, meow meow meow. Meow
meow meow meow meow, meow meow meow meow. Meow meow
meow meow. Meow meow meow meow. Meow meow meow meow
meow. Meow meow meow meow meow, meow meow meow meow
meow meow meow. Meow meow meow meow meow, meow meow
meow meow meow meow meow meow meow meow.

Meow meow meow meow meow meow meow meow meow.
Meow meow meow meow meow meow. Meow meow meow meow
meow meow meow meow meow meow, meow meow. Meow meow
meow, meow meow meow meow. Meow meow meow meow meow.
Meow meow meow meow meow. Meow meow, meow meow meow
meow.

Meow meow meow meow meow. Meow meow. Meow meow
meow meow meow meow meow meow, meow meow meow. Meow
meow meow meow, meow meow meow meow meow meow. Meow

meow meow meow meow meow, meow meow meow meow. Meow
meow meow meow meow meow meow, meow meow meow. Meow
meow meow meow meow meow meow meow. Meow meow meow
meow meow meow. Meow meow meow meow meow meow, meow
meow meow. Meow meow meow meow meow meow meow meow,
meow meow meow. Meow meow meow meow, meow meow meow
meow meow meow.

Meow meow meow meow meow meow. Meow meow meow
meow meow meow. Meow meow meow meow meow meow, meow
meow. Meow meow meow meow meow, meow meow meow meow
meow meow. Meow meow meow meow meow meow meow meow
meow meow. Meow meow meow. Meow meow meow meow, meow
meow meow meow meow. Meow meow meow meow meow meow,
meow meow meow meow. Meow meow, meow meow meow.

Meow meow meow meow meow meow meow. Meow meow
meow. Meow meow meow. Meow meow meow meow meow. Meow
meow meow meow meow meow, meow meow meow. Meow meow
meow meow meow meow meow meow, meow meow meow. Meow
meow. Meow meow meow meow meow. Meow meow meow meow
meow meow meow. Meow meow meow, meow meow meow. Meow
meow meow meow meow meow meow meow meow, meow meow meow.

Meow meow meow meow meow meow. Meow meow. Meow
meow. Meow meow meow meow, meow meow meow meow meow.
Meow meow meow meow meow, meow meow. Meow meow meow
meow. Meow meow meow meow meow meow meow, meow meow.
Meow meow, meow. Meow meow meow meow, meow meow meow
meow.

Meow meow meow meow meow. Meow meow meow meow,
meow meow meow meow. Meow meow meow meow meow meow,
meow meow meow meow. Meow meow. Meow meow meow meow
meow meow meow. Meow meow meow meow meow, meow meow
meow meow.

MEOW

Meow meow meow meow. Meow meow meow meow meow
meow meow. Meow meow meow meow meow meow meow meow
meow meow. Meow meow meow meow meow meow meow meow
meow meow, meow meow meow. Meow meow. Meow meow meow
meow meow meow. Meow meow meow meow meow. Meow meow
meow meow meow meow meow meow meow. Meow meow meow
meow meow meow, meow meow. Meow meow meow meow meow,
meow meow meow meow meow.

Meow meow meow meow meow meow meow meow meow
meow. Meow meow meow meow, meow meow meow meow meow.
Meow meow meow. Meow meow meow. Meow meow meow meow.
Meow meow meow, meow. Meow meow meow meow meow meow,
meow meow meow meow meow.

Meow meow meow meow meow meow meow meow. Meow
meow meow meow meow meow. Meow meow meow meow, meow
meow meow meow meow meow. Meow meow meow meow meow
meow, meow meow meow meow meow meow. Meow meow meow
meow meow meow meow meow. Meow meow meow meow meow
meow meow, meow meow meow meow meow. Meow meow, meow
meow meow meow meow meow meow.

Meow meow meow meow. Meow meow, meow meow.
Meow meow meow meow meow meow meow meow. Meow meow

meow meow meow meow meow. Meow meow meow meow meow
meow meow, meow meow meow meow meow meow meow.

Meow meow meow meow meow meow meow meow. Meow
meow meow meow meow meow meow meow meow. Meow meow
meow meow meow meow. Meow meow meow. Meow meow meow
meow, meow. Meow meow meow meow meow, meow meow meow
meow meow. Meow meow meow meow meow, meow meow meow.
Meow meow. Meow meow meow meow. Meow meow meow meow
meow meow meow, meow meow meow. Meow meow meow meow,
meow meow meow meow meow.

Meow meow meow meow meow meow meow meow meow.
Meow meow meow meow meow. Meow meow meow meow meow
meow. Meow meow meow meow meow, meow meow meow meow.
Meow meow meow meow meow meow, meow. Meow meow meow
meow meow meow meow, meow meow. Meow meow meow meow
meow meow meow meow meow. Meow meow meow meow meow
meow. Meow meow meow meow. Meow meow meow meow meow,
meow meow meow meow meow. Meow meow meow meow, meow
meow meow meow meow.

Meow meow meow meow meow meow meow meow. Meow
meow meow meow meow, meow meow meow. Meow meow, meow
meow meow meow meow meow meow. Meow meow meow meow meow
meow meow meow meow meow meow. Meow meow meow meow
meow meow meow meow meow meow. Meow meow meow meow
meow, meow meow meow. Meow meow meow meow meow meow
meow meow, meow meow meow. Meow meow meow meow meow
meow meow, meow meow meow meow meow meow meow.

Meow meow meow meow meow meow meow meow. Meow
meow, meow. Meow meow meow meow meow, meow meow meow
meow meow meow meow. Meow meow meow meow meow meow,
meow meow meow. Meow meow meow meow meow meow. Meow
meow meow meow meow meow meow meow meow meow meow
meow. Meow meow, meow meow meow meow meow.

Meow meow meow meow. Meow meow. Meow meow meow
meow meow meow meow meow meow meow, meow meow meow meow
meow. Meow meow meow meow meow, meow meow meow meow
meow meow meow. Meow meow meow meow meow, meow meow
meow. Meow meow meow meow meow meow meow meow meow.
Meow meow meow meow meow meow. Meow meow meow meow,

meow. Meow meow meow meow meow meow meow meow meow,
meow meow meow.

Meow meow meow meow meow meow meow. Meow meow
meow meow meow meow meow meow meow. Meow meow meow
meow, meow meow. Meow meow meow meow meow meow meow,
meow meow. Meow meow. Meow meow meow meow meow meow
meow. Meow meow meow. Meow meow meow meow meow, meow
meow meow meow. Meow meow, meow meow.

Meow meow meow meow meow meow. Meow meow meow.
Meow meow meow meow meow meow, meow. Meow meow meow,
meow meow meow meow. Meow meow meow meow meow meow
meow. Meow meow meow meow meow meow meow meow meow.
Meow meow meow meow meow meow, meow meow. Meow meow
meow meow, meow meow.

Meow meow meow meow meow meow meow. Meow meow
meow meow meow meow. Meow meow meow. Meow meow meow
meow meow meow meow meow, meow meow meow meow. Meow
meow meow meow meow meow meow meow meow. Meow
meow meow meow. Meow meow meow meow. Meow meow meow
meow meow meow meow meow meow, meow meow meow meow
meow meow meow. Meow meow meow, meow meow meow meow
meow meow. Meow meow meow meow meow meow meow meow,
meow meow meow meow.

Meow meow meow meow. Meow meow meow meow meow
meow, meow meow meow meow. Meow meow. Meow meow meow
meow meow. Meow meow meow meow meow meow meow meow
meow. Meow meow meow meow, meow meow meow meow meow.
Meow meow meow, meow meow meow. Meow meow meow meow
meow meow, meow meow.

Meow meow meow meow meow. Meow meow meow meow
meow meow meow. Meow meow meow meow meow meow. Meow
meow meow, meow meow meow meow meow. Meow meow meow meow
meow meow, meow meow meow meow meow meow. Meow meow meow
meow meow meow. Meow meow meow meow meow. Meow meow
meow. Meow meow meow meow meow, meow meow meow meow
meow. Meow meow meow meow meow meow meow meow meow,
meow meow. Meow meow, meow meow meow meow.

Meow meow meow. Meow meow. Meow meow meow meow
meow meow, meow meow meow. Meow meow meow meow meow
meow, meow meow meow meow. Meow meow meow meow, meow

meow meow. Meow meow meow meow meow. Meow meow, meow meow meow meow meow.

Meow meow meow meow meow meow meow. Meow meow meow meow meow meow. Meow meow meow meow meow, meow meow meow. Meow meow meow meow, meow meow. Meow meow meow. Meow meow meow meow. Meow meow meow meow. Meow meow meow meow meow meow, meow meow meow meow meow meow meow meow.

Meow meow meow meow meow meow. Meow meow meow meow meow, meow meow. Meow meow meow, meow meow meow. Meow meow meow meow meow meow meow meow meow meow. Meow meow meow meow meow meow meow. Meow meow. Meow meow meow meow meow meow, meow meow. Meow meow meow meow meow, meow.

Meow meow meow meow meow. Meow meow meow meow. Meow meow meow meow meow meow, meow. Meow meow meow meow meow, meow meow meow meow meow. Meow meow meow meow meow meow meow meow meow meow meow. Meow meow meow meow meow meow meow meow meow, meow meow meow meow meow.

Meow meow meow. Meow meow meow meow meow meow meow. Meow meow meow meow meow meow meow. Meow meow meow meow, meow. Meow meow meow meow meow meow, meow meow meow. Meow meow meow meow. Meow meow meow meow. Meow meow meow meow, meow meow meow meow. Meow meow meow, meow meow.

Meow meow meow meow meow meow. Meow meow meow meow. Meow meow meow meow meow meow meow meow meow meow. Meow meow meow meow. Meow meow meow meow meow meow meow meow meow meow, meow meow meow meow. Meow meow meow meow, meow meow meow. Meow meow meow meow, meow meow meow. Meow meow meow meow meow. Meow meow meow meow. Meow meow meow meow meow meow. Meow meow meow meow meow meow, meow meow meow meow. Meow meow, meow meow meow meow meow meow.

Meow meow meow meow. Meow meow meow. Meow meow meow meow meow meow meow meow meow meow. Meow meow meow, meow meow meow meow meow meow meow meow. Meow meow meow meow meow. Meow meow meow meow meow meow meow meow meow. Meow meow meow meow. Meow meow meow

meow meow. Meow meow meow meow meow meow, meow meow.
Meow meow meow meow meow meow, meow meow meow meow
meow.

Meow meow meow meow meow meow meow. Meow meow.
Meow meow meow meow meow meow meow meow.

Meow meow, "Meow meow".

Meow meow meow, "Meow meow meow meow meow
meow".

Meow meow.

Meow meow meow, "Meow meow meow meow meow".

Meow meow, "Meow meow meow meow meow meow meow
meow meow".

Meow meow. Meow meow meow meow meow meow meow.

Meow, "Meow meow".

Meow meow meow meow, "Meow meow meow meow
meow".

Meow meow meow meow, "Meow meow meow meow meow
meow".

Meow meow, "Meow meow meow meow".

Meow meow. Meow meow meow.

Meow, "Meow meow meow meow meow".

Meow meow meow, "Meow meow meow meow meow".

Meow meow meow meow meow. Meow meow meow meow.
Meow meow meow.

Meow, "Meow meow meow meow".

Meow meow, "Meow meow meow meow meow".

Meow meow, "Meow meow meow meow".

Meow meow meow, "Meow meow meow meow meow meow
meow meow".

Meow meow meow meow. Meow meow meow meow meow
meow.

Meow meow, "Meow meow meow".

Meow, "Meow meow meow meow meow".

Meow meow, "Meow meow meow meow meow meow".

Meow, "Meow meow meow meow meow meow meow".

Meow meow meow. Meow meow meow meow.

Meow meow, "Meow meow meow meow meow".

Meow meow meow, "Meow meow meow".

Meow meow meow, "Meow meow meow meow".

Meow meow meow meow. Meow meow.

Meow meow, "Meow meow meow meow meow".

Meow meow meow, "Meow meow meow".

Meow meow, "Meow meow meow meow meow meow".

Meow meow meow meow meow meow. Meow meow meow meow meow. Meow meow meow meow meow.

Meow, "Meow meow meow".

Meow, "Meow meow meow meow meow meow".

Meow meow meow, "Meow meow meow meow meow meow".

Meow meow meow meow meow meow meow meow meow meow meow meow. Meow meow meow. Meow meow meow meow meow meow meow. Meow meow meow.

Meow, "Meow meow meow meow meow meow meow meow".

Meow, "Meow meow meow meow meow".

Meow, "Meow meow meow meow meow".

Meow meow, "Meow meow meow meow".

Meow meow, "Meow meow meow meow meow meow".

Meow meow.

Meow meow, "Meow meow meow meow meow".

Meow meow, "Meow meow meow meow".

Meow meow meow, "Meow meow meow meow meow meow meow meow".

Meow meow meow meow meow meow.

Meow, "Meow meow meow meow meow".

Meow, "Meow meow meow meow meow".

Meow meow meow, "Meow meow meow meow meow meow meow meow meow meow".

Meow, "Meow meow".

Meow meow meow, "Meow meow meow".

Meow meow meow meow meow meow.

Meow meow meow meow, "Meow meow meow meow meow meow meow meow meow".

Meow meow meow, "Meow meow meow meow".

Meow meow meow, "Meow meow meow meow".

Meow meow meow, "Meow meow meow meow meow meow meow meow".

Meow meow meow meow meow meow meow meow. Meow meow meow meow meow meow meow. Meow meow meow meow meow.

Meow meow, "Meow meow meow meow meow meow meow meow".

Meow meow meow, "Meow meow meow meow".

Meow meow meow, "Meow meow meow meow meow".

Meow, "Meow meow meow".

Meow meow meow, "Meow meow meow".

Meow meow, "Meow meow meow meow meow meow meow meow".

Meow meow meow meow meow. Meow meow meow meow meow meow. Meow meow meow meow meow meow meow meow.

Meow, "Meow meow meow meow meow meow".

Meow meow meow meow, "Meow meow meow meow meow".

Meow meow, "Meow meow meow".

Meow, "Meow meow meow meow meow".

Meow meow meow meow meow meow meow. Meow meow meow.

Meow meow, "Meow meow meow meow meow meow meow".

Meow meow, "Meow meow meow meow meow meow".

Meow meow, "Meow meow meow meow meow meow".

Meow meow meow, "Meow meow meow meow".

Meow meow, "Meow meow meow meow meow meow".

Meow, "Meow meow meow".

Meow meow meow meow meow.

Meow meow meow, "Meow meow meow".

Meow meow meow, "Meow meow meow meow".

Meow meow, "Meow meow meow meow meow meow meow meow".

Meow meow meow, "Meow meow meow meow meow".

Meow meow meow meow meow meow meow. Meow meow. Meow meow meow meow, meow meow meow meow meow meow meow. Meow meow meow meow meow meow meow, meow meow. Meow meow meow meow meow meow meow meow meow. Meow meow meow meow, meow meow meow meow meow meow meow meow.

Meow meow meow meow. Meow meow meow meow meow. Meow meow meow meow. Meow meow, meow meow meow. Meow meow meow meow meow meow, meow meow meow meow meow

meow meow. Meow meow meow meow meow meow meow meow meow meow. Meow meow meow, meow meow meow meow meow.

Meow meow meow meow. Meow meow meow meow meow meow, meow meow. Meow meow meow meow meow. Meow meow meow meow meow meow meow. Meow meow meow meow meow meow. Meow meow meow meow meow meow meow, meow meow meow meow meow meow meow meow. Meow meow meow meow meow, meow meow meow. Meow meow meow meow meow meow, meow meow.

Meow meow meow meow meow meow meow meow meow. Meow meow meow meow meow meow meow. Meow meow meow meow. Meow meow meow meow meow meow. Meow meow meow meow meow meow meow meow, meow meow. Meow meow meow meow meow meow meow. Meow meow meow meow, meow. Meow meow meow, meow meow meow meow meow meow meow. Meow meow meow meow meow meow meow meow, meow meow meow.

Meow meow meow meow. Meow meow meow meow meow meow meow meow, meow meow meow meow meow meow meow meow meow. Meow meow meow meow meow meow meow, meow meow meow meow meow. Meow meow meow meow meow meow meow. Meow meow. Meow meow meow meow meow, meow meow meow meow.

Meow meow meow. Meow meow meow meow meow meow meow meow meow meow. Meow meow meow meow meow, meow meow meow meow meow. Meow meow meow meow meow meow meow, meow meow meow meow meow meow meow. Meow meow meow meow meow meow, meow meow meow meow meow meow. Meow meow meow meow meow meow meow, meow meow. Meow meow meow meow meow meow meow meow meow. Meow meow meow meow meow meow meow meow. Meow meow meow meow meow meow meow meow meow, meow meow meow meow meow.

Meow meow meow meow. Meow meow meow meow meow, meow. Meow meow meow, meow meow meow meow. Meow meow, meow meow meow meow meow meow meow meow. Meow meow meow meow. Meow meow meow meow meow meow meow meow, meow meow meow meow.

Meow meow meow meow. Meow meow meow meow meow meow meow meow meow. Meow meow meow meow meow meow

meow meow meow. Meow meow meow meow meow meow, meow
meow meow meow meow. Meow meow meow meow meow meow,
meow meow. Meow meow meow meow meow meow meow meow
meow meow. Meow meow meow meow meow meow, meow meow
meow. Meow meow meow meow meow meow meow, meow. Meow
meow meow meow, meow meow meow.

Meow meow meow. Meow meow meow. Meow meow
meow. Meow meow meow meow meow meow meow meow meow,
meow meow. Meow meow meow, meow meow meow meow meow
meow. Meow meow meow meow meow, meow meow meow meow
meow. Meow meow meow meow meow meow, meow. Meow meow
meow. Meow meow meow, meow meow meow meow meow. Meow
meow meow, meow meow. Meow meow, meow meow meow meow
meow.

Meow meow meow meow meow meow meow meow meow
meow. Meow meow meow meow meow meow meow. Meow meow
meow meow meow, meow meow meow. Meow meow meow meow
meow meow, meow meow meow meow meow meow meow. Meow meow
meow meow meow, meow. Meow meow. Meow meow meow. Meow
meow meow, meow.

Meow meow meow meow meow. Meow meow meow meow
meow meow meow meow, meow meow meow meow meow meow. Meow
meow meow meow, meow meow meow meow meow meow meow
meow. Meow meow meow meow meow meow meow. Meow meow
meow meow meow. Meow meow meow meow, meow. Meow meow
meow meow meow meow meow meow meow meow, meow meow
meow.

Meow meow meow meow meow. Meow meow meow. Meow
meow meow meow meow meow. Meow meow. Meow meow meow,
meow meow meow meow. Meow meow meow meow meow meow
meow meow meow. Meow meow meow, meow.

Meow meow meow meow. Meow meow meow meow meow
meow. Meow meow meow meow meow. Meow meow meow meow
meow meow. Meow meow meow, meow. Meow meow meow meow,
meow meow meow meow meow meow. Meow meow meow meow
meow meow meow meow meow. Meow meow meow meow meow
meow. Meow meow meow meow meow meow meow meow, meow
meow meow meow meow meow. Meow meow meow meow, meow
meow meow. Meow meow meow meow, meow meow meow meow

meow. Meow meow meow, meow meow meow meow meow meow meow.

Meow meow meow meow. Meow meow meow meow meow, meow meow meow meow. Meow meow meow meow meow meow, meow meow. Meow meow meow meow meow meow meow. Meow meow meow meow meow meow. Meow meow meow meow, meow meow meow meow. Meow meow meow meow, meow meow meow meow meow.

Meow meow meow meow meow meow. Meow meow meow meow meow. Meow meow meow meow meow meow meow meow, meow. Meow meow meow meow meow meow. Meow meow meow meow meow meow meow. Meow meow meow. Meow meow meow, meow meow meow meow meow meow. Meow meow meow meow meow meow, meow meow meow.

Meow meow meow meow meow meow meow meow meow meow meow meow meow meow meow. Meow meow meow meow meow meow meow meow meow. Meow meow. Meow meow meow meow meow meow, meow meow. Meow meow meow meow meow meow meow meow meow meow meow, meow meow. Meow meow meow meow meow, meow meow meow meow meow. Meow meow meow meow meow. Meow meow meow meow. Meow meow meow meow meow. Meow meow meow meow meow meow, meow.

Meow meow meow meow meow meow meow meow meow meow meow. Meow meow meow meow meow meow. Meow meow meow meow meow, meow meow meow meow. Meow meow meow meow, meow meow meow. Meow meow meow meow meow meow meow. Meow meow meow meow meow. Meow meow meow meow meow meow. Meow meow meow meow meow, meow meow. Meow meow meow meow meow, meow meow meow meow meow meow. Meow meow meow meow meow meow. Meow meow meow meow meow meow, meow meow meow meow meow meow meow meow.

Meow meow meow meow meow meow meow meow. Meow meow meow meow meow meow meow meow meow meow. Meow meow meow meow meow meow meow, meow meow meow meow. Meow meow meow meow meow meow meow, meow meow meow meow meow meow. Meow meow meow meow meow. Meow meow meow. Meow meow meow meow meow meow, meow meow meow meow meow meow meow.

Meow meow meow meow meow meow meow meow meow. Meow meow meow. Meow meow meow meow meow meow meow, meow meow meow meow. Meow meow meow, meow meow meow

meow. Meow meow meow meow meow, meow meow. Meow meow
meow meow meow meow meow. Meow meow. Meow meow meow
meow, meow meow meow. Meow meow meow meow meow meow
meow, meow meow meow.

Meow meow meow meow meow. Meow meow meow meow
meow meow. Meow meow meow meow meow meow meow, meow meow
meow meow meow meow. Meow meow meow meow meow, meow
meow meow meow meow meow meow meow meow meow meow.
Meow meow meow meow meow, meow meow meow meow meow
meow. Meow meow meow. Meow meow meow meow meow. Meow
meow meow meow meow. Meow meow meow meow meow, meow
meow meow meow.

Meow meow meow meow meow. Meow meow meow. Meow
meow meow. Meow meow meow. Meow meow meow meow meow,
meow meow meow meow meow. Meow meow meow meow, meow
meow meow meow meow. Meow meow meow meow meow, meow
meow meow. Meow meow meow meow meow. Meow meow meow
meow meow. Meow meow meow meow meow meow meow meow
meow, meow meow meow.

Meow meow meow meow meow meow meow meow meow
meow. Meow meow meow. Meow meow meow meow meow. Meow
meow, meow meow. Meow meow meow meow meow meow meow,
meow meow. Meow meow. Meow meow meow meow meow. Meow
meow meow. Meow meow meow meow meow meow meow, meow
meow meow meow. Meow meow meow meow meow, meow meow
meow.

Meow meow meow meow meow meow meow meow meow
meow. Meow meow, meow meow meow meow meow meow meow.
Meow meow meow meow meow, meow meow meow. Meow meow
meow meow meow meow meow meow meow meow, meow meow
meow meow. Meow meow meow meow. Meow meow meow meow
meow meow meow meow. Meow meow meow meow meow meow
meow meow, meow. Meow meow meow, meow meow meow meow
meow meow. Meow meow meow meow meow meow, meow meow
meow meow meow meow meow.

Meow meow meow meow meow meow meow. Meow meow
meow meow meow meow meow. Meow meow meow meow. Meow
meow meow meow meow meow, meow meow. Meow meow meow,
meow meow meow meow meow meow meow meow. Meow meow,

meow meow meow. Meow meow meow meow meow meow meow
meow, meow meow meow meow meow meow.

Meow, "Meow meow meow".

Meow meow meow, "Meow meow meow meow". Meow
meow meow meow meow meow meow meow meow meow, meow
meow meow meow meow meow.

Meow meow meow meow. Meow meow meow meow meow.
Meow meow meow meow, meow meow meow. Meow meow meow
meow meow meow, meow meow meow meow. Meow meow meow
meow meow, meow meow meow meow. Meow meow meow meow
meow meow meow meow meow, meow meow meow meow meow.

Meow, "Meow meow meow meow".

Meow meow meow, "Meow meow meow meow meow meow
meow meow".

Meow meow, "Meow meow meow meow".

Meow, "Meow meow meow meow". Meow meow meow
meow meow meow meow meow meow, meow meow meow meow. Meow
meow meow meow, meow meow.

Meow meow meow meow meow meow. Meow meow meow
meow meow, meow meow meow meow meow meow meow meow. Meow
meow, meow meow meow meow meow meow.

Meow meow meow meow, "Meow meow meow meow".

Meow meow, "Meow meow meow meow meow meow".

Meow meow meow, "Meow meow meow meow".

Meow meow, "Meow meow meow meow meow". Meow
meow meow meow, meow meow meow meow meow meow meow
meow meow meow meow. Meow meow, meow meow meow meow
meow.

Meow meow meow meow meow. Meow meow meow. Meow
meow meow meow meow. Meow meow meow meow meow, meow
meow meow meow meow. Meow meow meow meow meow meow,
meow meow meow meow.

Meow meow, "Meow meow meow meow meow meow meow
meow meow meow".

Meow meow meow meow, "Meow meow meow meow meow
meow".

Meow, "Meow meow meow".

Meow meow meow meow, "Meow meow meow meow".

Meow meow, "Meow meow meow meow meow meow".
Meow meow meow, meow meow meow meow meow meow. Meow

meow meow meow, meow meow meow meow meow meow. Meow
meow meow meow, meow meow meow meow meow meow.

Meow meow meow meow meow meow meow meow. Meow
meow meow meow. Meow meow meow meow. Meow meow meow,
meow meow.

Meow meow meow meow, "Meow meow meow". Meow
meow meow meow meow meow meow meow meow meow meow,
meow meow. Meow meow meow meow meow meow meow meow,
meow meow.

Meow meow meow meow meow meow meow meow meow
meow meow meow. Meow meow meow meow meow meow meow.
Meow meow meow meow meow. Meow meow meow meow meow
meow meow meow meow. Meow meow meow meow meow meow
meow, meow meow meow meow meow meow meow meow meow. Meow
meow meow meow, meow meow meow. Meow meow meow, meow
meow meow meow meow meow meow.

Meow meow meow meow, "Meow meow". Meow meow
meow meow meow meow meow meow, meow meow meow meow meow.
Meow meow meow meow meow meow meow meow meow, meow
meow meow meow meow meow meow. Meow meow meow meow meow
meow, meow meow meow meow. Meow meow, meow meow meow
meow.

Meow meow meow meow meow. Meow meow meow meow
meow meow meow meow meow meow. Meow meow meow meow
meow. Meow meow meow meow meow meow, meow meow meow
meow meow meow meow meow meow meow meow. Meow meow meow
meow meow meow meow, meow meow meow. Meow meow meow
meow meow, meow meow meow meow meow meow meow.

Meow meow, "Meow meow meow meow meow meow".
Meow, "Meow meow".

Meow meow meow, "Meow meow meow meow meow meow
meow".

Meow meow meow, "Meow meow meow meow meow meow
meow meow meow".

Meow meow, "Meow meow meow meow meow meow meow
meow".

Meow meow meow, "Meow meow meow meow". Meow
meow meow meow meow meow, meow meow meow meow meow.
Meow meow meow meow meow, meow meow meow meow meow.

Meow meow meow meow meow meow meow meow meow. Meow meow meow. Meow meow meow meow meow, meow meow meow meow meow. Meow meow, meow meow meow meow meow meow. Meow meow meow meow meow meow meow, meow meow meow.

Meow, "Meow meow meow meow meow meow meow meow". Meow meow meow meow meow meow meow meow, meow meow meow meow. Meow meow meow meow, meow meow meow meow meow meow meow meow. Meow meow meow meow meow meow meow meow, meow meow meow meow meow. Meow meow meow meow meow, meow meow meow meow meow meow.

Meow meow meow meow meow meow. Meow meow meow meow meow meow. Meow meow meow meow meow meow. Meow meow meow meow meow, meow meow. Meow meow meow meow, meow meow meow meow meow meow.

Meow meow meow, "Meow meow meow meow meow meow meow".

Meow meow, "Meow meow meow meow".

Meow meow meow, "Meow meow meow meow meow meow meow meow". Meow meow meow meow meow meow meow meow, meow meow. Meow meow meow meow meow meow, meow meow meow meow. Meow meow meow meow meow meow, meow meow meow.

Meow meow meow meow meow meow meow. Meow meow meow. Meow meow meow meow meow. Meow meow, meow meow meow.

Meow meow, "Meow meow".

Meow, "Meow meow meow meow".

Meow meow, "Meow meow meow meow". Meow meow meow meow meow meow meow meow, meow meow meow meow meow meow meow. Meow meow meow meow, meow meow.

Meow meow meow meow meow meow meow meow. Meow meow meow meow, meow meow meow. Meow meow meow meow, meow meow meow meow.

Meow meow meow meow, "Meow meow".

Meow, "Meow meow meow meow meow meow".

Meow meow meow meow, "Meow meow meow meow meow meow meow".

Meow meow, "Meow meow meow meow meow meow meow meow".

Meow, "Meow meow meow meow meow meow meow
meow".

Meow, "Meow meow meow meow meow".

Meow meow, "Meow meow meow meow".

Meow meow, "Meow meow meow meow meow meow".
Meow meow meow meow meow meow meow meow, meow meow.
Meow meow meow meow meow meow, meow meow meow meow
meow meow. Meow meow meow meow meow meow meow meow
meow meow, meow meow meow. Meow meow meow meow meow,
meow meow meow meow meow meow.

Meow meow meow meow meow meow meow meow. Meow
meow meow meow meow. Meow meow meow meow, meow meow
meow meow meow. Meow meow meow meow, meow meow meow
meow meow meow. Meow meow meow meow meow meow meow
meow, meow meow meow.

Meow meow meow, "Meow meow meow".

Meow, "Meow meow meow meow meow meow meow".

Meow, "Meow meow meow meow meow".

Meow meow, "Meow meow meow".

Meow meow, "Meow meow meow meow meow meow meow
meow meow meow". Meow meow meow meow meow meow meow
meow, meow meow. Meow meow meow meow meow, meow meow
meow meow meow meow meow meow.

Meow meow meow meow. Meow meow meow meow meow
meow. Meow meow meow, meow meow meow meow meow. Meow
meow meow meow meow, meow meow meow.

Meow meow, "Meow meow meow meow meow". Meow
meow meow meow meow meow, meow meow meow meow meow
meow meow meow.

Meow meow meow meow meow. Meow meow meow meow,
meow meow meow meow meow meow.

Meow meow, "Meow meow meow meow meow meow meow
meow meow meow meow meow meow".

Meow meow, "Meow meow meow meow meow meow meow
meow meow".

Meow meow meow, "Meow meow meow meow meow
meow".

Meow meow, "Meow meow meow meow meow meow
meow".

Meow meow, "Meow meow meow". Meow meow meow meow meow meow, meow meow meow meow. Meow meow meow meow meow meow meow meow meow, meow.

MEOW

Meow meow meow meow meow meow meow meow. Meow meow meow meow meow meow meow meow meow. Meow meow meow meow. Meow meow meow meow, meow meow meow meow meow meow. Meow meow meow meow meow meow meow, meow meow meow meow meow meow meow meow. Meow meow meow, meow meow meow meow meow. Meow meow meow meow. Meow meow meow meow, meow meow meow meow meow. Meow meow meow meow meow meow meow, meow meow meow meow meow.

Meow meow meow meow meow. Meow meow meow meow, meow meow meow meow meow. Meow meow meow meow meow, meow meow meow meow meow meow. Meow meow meow meow meow meow meow meow. Meow meow meow meow. Meow meow, meow meow. Meow meow meow meow meow meow meow, meow meow meow.

Meow meow meow meow meow meow meow meow meow meow. Meow meow, meow meow meow meow meow meow meow meow meow meow. Meow meow meow meow meow meow meow meow meow. Meow meow meow meow meow. Meow meow meow meow meow meow meow meow meow meow, meow meow meow meow. Meow meow meow meow meow, meow meow meow meow meow.

Meow meow meow meow meow. Meow meow meow meow, meow meow meow meow. Meow meow meow meow meow, meow meow meow meow meow. Meow meow meow meow. Meow meow

meow meow. Meow meow meow, meow meow meow. Meow meow
meow meow meow meow, meow meow.

Meow meow meow meow meow. Meow meow meow meow
meow meow, meow meow meow. Meow meow meow meow. Meow
meow meow meow, meow meow meow meow meow. Meow meow
meow meow meow meow meow meow meow meow meow meow,
meow meow meow meow meow meow meow meow. Meow meow
meow meow meow meow meow meow, meow meow. Meow meow
meow meow meow meow meow, meow meow meow.

Meow meow meow meow meow. Meow meow meow meow
meow meow meow, meow meow meow meow meow meow meow
meow. Meow meow meow meow. Meow meow meow meow meow
meow meow meow meow. Meow meow meow meow meow meow,
meow.

Meow meow meow meow meow meow. Meow meow meow
meow meow meow meow meow meow meow meow meow. Meow meow
meow. Meow meow meow meow. Meow meow meow meow meow,
meow meow meow meow meow. Meow meow meow meow meow
meow meow. Meow meow meow. Meow meow meow meow meow
meow meow meow meow. Meow meow meow meow meow meow.
Meow meow meow meow, meow meow meow meow meow meow
meow meow meow. Meow meow meow, meow meow meow meow
meow meow meow meow. Meow meow meow meow meow, meow.

Meow meow meow meow meow meow meow meow meow
meow. Meow meow meow meow meow meow meow. Meow meow,
meow meow. Meow meow meow meow, meow meow meow meow
meow meow meow meow meow. Meow meow meow. Meow meow
meow meow meow meow meow meow meow. Meow meow meow
meow. Meow meow meow meow meow meow meow, meow meow
meow meow meow meow.

Meow meow meow meow meow meow meow meow meow.
Meow meow meow meow meow meow. Meow meow meow meow
meow meow meow meow meow, meow. Meow meow meow meow
meow, meow meow meow meow meow meow meow meow meow. Meow
meow meow meow, meow meow meow. Meow meow meow meow
meow meow meow meow, meow meow meow meow meow meow.
Meow meow meow meow meow meow meow. Meow meow meow
meow, meow.

Meow meow meow meow meow meow meow meow meow.
Meow meow meow meow meow. Meow meow meow meow meow

meow, meow meow meow meow meow meow. Meow meow meow meow meow. Meow meow meow meow meow meow meow meow. Meow meow meow. Meow meow meow meow meow meow meow meow meow, meow meow meow. Meow meow meow meow meow meow meow meow meow, meow meow meow.

Meow meow meow meow meow meow meow meow meow meow meow. Meow meow meow meow meow, meow meow meow meow meow meow. Meow meow meow meow meow. Meow meow meow meow meow. Meow meow meow meow, meow meow meow. Meow meow meow meow meow, meow meow meow meow meow. Meow meow, meow meow meow meow meow meow meow. Meow meow meow meow meow, meow meow meow meow.

Meow meow meow meow. Meow meow meow meow meow meow meow. Meow meow meow meow. Meow meow, meow meow meow. Meow meow, meow meow meow meow meow meow meow meow. Meow meow meow meow meow meow meow meow meow, meow meow meow meow meow. Meow meow meow meow meow meow, meow meow meow meow meow meow meow meow. Meow meow. Meow meow meow meow meow meow meow. Meow meow meow meow meow meow meow meow. Meow meow meow. Meow meow meow, meow meow meow meow meow meow meow. Meow meow meow meow meow meow, meow meow meow. Meow meow meow meow meow meow meow meow meow, meow meow meow meow.

Meow meow meow. Meow meow meow meow meow, meow meow meow meow. Meow meow meow meow meow meow meow, meow meow meow meow meow meow meow. Meow meow meow meow meow. Meow meow meow meow, meow meow meow. Meow meow meow meow meow, meow meow meow.

Meow meow meow meow meow. Meow meow meow meow meow meow meow. Meow meow meow meow meow meow meow meow meow meow. Meow meow meow meow meow meow meow. Meow meow meow meow meow meow meow, meow meow meow meow meow meow meow meow. Meow meow meow. Meow meow meow meow meow meow. Meow meow, meow meow meow. Meow meow, meow meow meow meow meow meow meow meow. Meow meow meow meow meow, meow meow meow meow meow meow.

Meow meow meow meow meow meow. Meow meow meow meow meow meow meow. Meow meow. Meow meow, meow meow meow meow meow. Meow meow meow meow meow meow meow meow meow meow meow, meow meow meow. Meow meow meow meow. Meow

meow meow meow meow meow. Meow meow meow meow, meow meow.

Meow meow meow meow meow. Meow meow meow meow meow meow meow meow. Meow meow, meow. Meow meow meow meow, meow meow meow meow. Meow meow meow meow meow meow meow, meow meow meow meow. Meow meow meow meow meow meow meow. Meow meow meow meow. Meow meow meow meow. Meow meow meow meow. Meow meow meow meow meow meow, meow meow meow meow meow meow meow. Meow meow meow, meow. Meow meow meow meow meow meow meow meow meow, meow. Meow meow, meow meow meow meow meow meow meow meow meow.

Meow meow meow meow meow meow meow meow meow meow. Meow meow meow meow meow meow meow meow, meow meow meow meow meow. Meow meow meow meow meow, meow meow meow meow. Meow meow meow meow meow meow. Meow meow meow meow. Meow meow meow, meow meow meow. Meow meow meow meow meow meow meow, meow meow meow meow meow meow meow.

Meow meow meow. Meow meow meow meow meow meow meow meow meow meow. Meow meow meow meow meow meow meow meow meow meow, meow meow. Meow meow, meow meow meow. Meow meow meow meow meow meow meow meow. Meow meow meow meow meow. Meow meow meow meow meow meow meow meow meow. Meow meow meow meow meow meow, meow meow meow meow meow meow meow. Meow meow meow meow meow, meow meow meow meow meow.

Meow meow meow meow meow meow meow. Meow meow meow meow meow meow meow, meow meow meow meow meow meow. Meow meow meow meow, meow meow meow meow. Meow meow meow meow meow, meow meow meow meow. Meow meow meow meow meow. Meow meow meow meow, meow meow. Meow meow meow, meow meow meow meow meow. Meow meow meow meow meow meow meow, meow meow meow meow.

Meow meow meow meow meow. Meow meow meow meow meow meow. Meow meow meow, meow meow meow meow. Meow meow meow, meow meow meow meow meow meow. Meow meow meow, meow meow meow. Meow meow meow meow, meow. Meow meow meow. Meow meow meow meow meow meow meow meow, meow meow.

Meow meow. Meow meow meow. Meow meow meow meow. Meow meow meow meow meow meow meow meow, meow meow meow meow meow. Meow meow meow meow, meow meow meow meow meow meow meow. Meow meow meow meow meow meow. Meow meow meow meow meow, meow meow meow meow meow. Meow meow meow meow meow meow, meow meow meow meow meow meow meow meow meow.

Meow meow meow meow. Meow meow meow meow, meow meow meow meow meow. Meow meow meow meow, meow meow meow meow meow. Meow meow meow meow meow meow meow, meow meow meow. Meow meow meow meow meow. Meow meow meow meow. Meow meow meow meow meow. Meow meow meow, meow meow meow meow. Meow meow meow meow meow meow meow meow meow meow, meow meow meow meow meow.

Meow meow meow meow meow meow meow. Meow meow meow meow meow. Meow meow meow. Meow meow meow meow, meow meow meow meow meow meow. Meow meow meow meow meow meow, meow meow. Meow meow meow meow. Meow meow, meow meow meow meow meow meow. Meow meow meow meow meow meow meow meow meow, meow meow. Meow meow meow meow meow meow, meow meow meow meow meow.

Meow meow meow. Meow meow meow meow meow, meow meow meow meow meow. Meow meow meow meow meow meow meow, meow meow meow meow meow. Meow meow meow meow meow, meow meow. Meow meow meow meow. Meow meow meow meow meow. Meow meow meow meow meow meow meow meow meow meow. Meow meow meow meow meow, meow meow meow.

Meow meow meow meow meow meow. Meow meow meow meow meow meow meow meow meow. Meow meow meow meow, meow meow meow meow. Meow meow meow meow meow, meow meow meow. Meow meow, meow meow meow meow. Meow meow meow. Meow meow meow meow meow meow meow meow meow meow. Meow meow meow. Meow meow, meow meow. Meow meow meow meow, meow meow meow meow meow meow meow meow.

Meow meow meow meow meow meow.

Meow meow meow, "MMEEEEOOOOOOOOOWW".

Meow meow, "MEEEOOOOOOOWWW MEEEOOOWWWWW MEEEEEOW MEEOOOOWWWWW MMEEEEEEEOOWWWWW".

55

Meow, "MEEEEEOOOOWW MEOOWWWWWWW MEEEEEEOOOOWW".

Meow meow meow, "MEOOOWWWWW MMMEEEEOWWWWW MEEOOOWWWWWW MMEEEOOOOWWWW MMEEEEEOOW".

Meow, "MMMEEEEEEOOOOOWWW MEEEEEOOOWW MEEEEEOOOOWWWWWW MMMMEEEOOWWWW MMMEEEEEEEOOWWWWWW MEEEEEOOOWWWWW".

Meow meow meow, "MEEEEEOOOWWW MMEEEOOOOOOWWWW MMMEEOOWW".

Meow, "MEEEEOOOW MEEEEEOOWW".

Meow meow, "MMMMEEEOWW MMMEEEOOOOOOOW MEEOOOOWW".

Meow meow, "MMEEEEEOOOOWWWW MMMEEEOOOOOOOWWW MMMMEEEEOOOOOOOWWWW MEEEOOOOWW MEEEEEEOOOOOOWWW MEEEOOOOWWWWWW".

Meow meow meow meow. Meow meow meow meow meow meow meow meow. Meow meow meow meow meow meow.

Meow meow, "MMMMEEEEOOOOOOW MMEOOWW MMEEEOOOOOWW MEEEEOOOOOOW".

Meow meow meow, "MMEEEEOW MEEEEEOOOOOWWWWWWW MEOOOOOOWW MEEOOOOOOWWWWW".

Meow meow meow meow meow meow. Meow meow meow meow meow meow.

Meow meow meow, "MMMEEEEEEEEOOOOW MEEOOOWWW MMMEEEOOOOWWWW MMEEEOOOOW".

Meow meow.

Meow meow meow meow, "MMMEEEEOOOOWWW MMEEEEEOOOOOW MMEEEOOOOOOWWWWWW MEEOOOOWWWWWWW MEEEEOOOOWWWWW MEEEEEOOOWWWWWW".

Meow meow meow meow, "MMMEEEEOOOW MMMEEEEEEEEEOOOWWW MMEEOOOOWWWWWW MMEEEOOOW MEEEEEOOWWWW MEOOOWW MEEEEEEOOOW MMEEEEOOOOOWWWWW MEEOOWWWW MMEEEOOOOOOOOWWWW".

Meow, "MMMMEEOOOWW MEEEOOOOOWWWWW MMMEEEEEOOOOOW".

Meow meow, "MEEOOW MEEEEOWWWWW MEEOOOOWWWWW MEEEOOOOOOOWWW MEEOOWW MMEEOOOOW MMEEEEEEOOOOWWWWW".

Meow meow, "MEEOOOWWWWWWW MMEOOOOOWWWWWW MEEEEOOOWWWW MMMMEEOOOOOOOOOWWWWW MEEEEOOOOOWWWWW MEOOOWWWW MEEEEEOOWW MEEEEOOOOWWWW".

Meow meow meow meow meow meow. Meow meow meow.

Meow meow, "MEEEEEEEOOWWWW MMEEOOOOOWWWWWWW".

Meow meow, "MMMEEEOOOOWWW MMMMEEEOOOOWWWWWW MEEEEEOOOOOWWWWWW MEEEEEOOOOWWWW MMMEEEOOOOWWWWWW MMEEEEEOOOOWWWWW MEEOOWWW".

Meow meow meow, "MMEEEEOOOOWWWW MEEOOWWWW".

Meow meow, "MMEEEEEEOOOOOWWWWWW MMEEEEOOOWWW MMMEEEOWWW MEEEEOOOOOWWWWW MEEOOOWW MEEEEOOOWW".

Meow meow, "MEEOOWWWWW MEEEEOOOOOOOW MEOOOOWWWWWWW".

Meow meow meow meow, "MEEOOWWWW".

Meow meow meow meow meow meow meow. Meow meow meow meow meow meow meow.

Meow meow, "MEEEOOOOWWWW MMEEOWW MMMEEEEOOOOWWWW MMMMMEEOWWWW MMEEEEEEEOOOWW MEEEEEOOOOWWWW MMMEEEEOOWWW MEEOOWWWW".

Meow meow meow, "MEEEOOOWWW MMEOOOOWWWW MMMEEEEEOOOW MMEEEEOOOWWW".

Meow meow meow meow meow meow.

Meow, "MMMEEEEOOOOOWWWWWW MMEEOW MEEEOOOOOOW MEEEEOWWWW MEEEOOOOWWWWW".

Meow meow meow meow meow meow meow.

Meow meow, "MEEEOOOOWW MMEEEEOOWW MMEEEEEEOOW MMMEEEOOOWW".

Meow, "MMEEEEEEOOOOOOWWWWWWW MEEEEEOWWWWWW MMEEEOOOOOWW MMEEOOOOWWWWWW MEEOOWWWW".

Meow meow meow, "MMMEEOWWW MMEEEOOWWWWW".

Meow, "MMMEEEOWWWWW MMEEEOOWWWWW MMMMEEEOOOOWWW MMEEEOOOOWWWWW MEEOWWW MMEEEEOOOOOOWWWW".

Meow meow, "MEEEOOOWWW MEEEEOOWWWWWW MMMEEEEEEEOOWWWWW MEEEEEOWWWWW".

Meow meow meow meow. Meow meow meow meow meow meow meow meow meow.

Meow meow meow, "MMMMEEEEEOOOOWWW MEEEEOWW".

Meow meow, "MMMMEEOOOOWWWWWWW MMMMEEEEEOOOOWWW MMEEEEEEOOWWW".

Meow meow meow meow meow.

Meow meow meow, "MEEOWWWW MEEOOOOOWWWW MMMEEEEEOOOOWW MEEEEOOOWWWW MMEEEEEEOOOOOOWWWWW".

Meow meow meow, "MEEOOW MMMEEOOOWWW MEEEEOOOOOOWWWW MEEOWW MMMMEOOWWW MMEEEOWW".

Meow meow, "MEEOOWWW".

Meow meow, "MEEOOWWW MEEOWWWW MMEOOOOWW MMMMEEEOOOOOW MEEEEOWWW".

Meow meow meow. Meow meow. Meow meow meow meow meow.

Meow meow, "MMEEEEEOOOOWWWWWW MMEEEOOOWWW MEEEEOOOOWWWWW MMMEEEEOOOOOOWW MEOOOOWW MEEEOOOWWWWW MMMEEEEEOOOOOWWWWW MEEEEOOOWWWW MMEEEEEEOWWWWWWW".

Meow, "MEEOOWWW MMEEEEEEOOOOWWWWW".

Meow meow, "MEEOWW MMMEEEOOOOWWWW MMEEEOOWWWW".

Meow meow, "MEOOOWWWWW MMMMEEEOOOWWWW MMEEEEEEOOOOWWWWW MMEEEEEOOOOOWWW MMEEEEEOOOWWWWW".

Meow meow meow meow meow meow meow meow meow meow.

Meow meow meow, "MEOOWWW MEEEEOOOOWWWWWW MEEEOOOWW MMMMEEEEEEEEEOOOOW MMEEEEOWWWW".

Meow meow meow, "MMEEEOOOW MMMMEEOOOOOWWWWWW".

Meow meow, "MMEEEEEOOOOOWW MMMEEEEOOOOOW MMEEEEEOOOOWWW MMEEEEOOWW".

Meow, "MMMEEEOOOOOWWWWW MEOOOWWWW MMEEEEOOOWWW MEEEEEOOWWWW MEEEEEOOWWWWWWW MMEEEEEEEEOOOOWW MEEEOOOOOOW MMEEEOOOOWWW MEEEEEEOWW".

Meow meow meow meow meow.

Meow meow, "MMEOOOOWWWWW MEEEEOOOOOOWWWWW MMMEOOWWWWW".

Meow meow, "MEEEEOOOWWWW MMEEEEEOOW".

Meow meow meow, "MEEEEEEOOOOWW MMEEEEOWWWWW MEOWWWWW MMEEEEEOOOOOOWWWWW".

Meow, "MEEEEOOOOWW MEEEEEOWWWWWWW MEEEEOOOWWWWW MMMEOOOWWWW".

Meow meow, "MEEEEEOOOW MEEEEEOOOOOWWWW MEEEEOOOWWW MMEEOOOOWWWWWW MMEEEOOWWWW".

Meow meow meow, "MMMMEEEEEEEOOOOWWWW MMMEOOOWWWW MMMEEOOOWW".

Meow meow meow meow meow meow meow meow meow meow meow meow.

Meow meow, "MEEEEEOOOOW MMMEEEEOOOOW
MMEEEEEEEOOOWWWWW MEEEOOOOWWWWW MMEEEEEOOOWWWWW".

Meow meow meow, "MEEEOOOOOWWW MEEEOOWWWWWW
MMMEEEEOOOWWWW".

Meow meow meow meow. Meow meow meow meow.

Meow meow, "MEEEEOOOOOOWWWWW MEEEOWWW MEEOOOOW
MEEEEEOOOOOWWWWW".

Meow meow meow, "MMMMEOOOOOWWWWW
MMEEEEEEEEOOWWWW MMMMEEEEOOOOOOWWW MMMEEEEEOOOOOOWWWWW".

Meow, "MMEEEEEEEEEOOWW MEEEEEOOOOOWWWW
MMMEEEEOOOOOOWWWWW".

Meow meow meow, "MMEEOWW MEEEEOOOOOWWWW
MEOOOWWWW MMMMMEEEEEEOW MMMEEOOWWWWW MMEEOOOWWW
MMMEEEEEEOOOOOOOWWW".

Meow meow meow, "MEEEEOOOWW MEEEEEEEOOOOW
MMMEEEOOWWW MMMEEEOOOWWW MEEEEOOOOWWWWW".

Meow meow, "MMMMEEEEOOOOOWWWWW
MMMEEEEOOOOOOOWWW MMMEEEEOOOWWWW MMEEEOOOWW
MMEEEEEEEEOOOOWWW".

Meow, "MMEEEOOOW MEOOOWWWWW MEEEEOOOOOWWWW
MMMEEEEOOWWWWW MEEOWWWW".

Meow meow, "MEEOOOOWWWWWW MMMEEEEEEEOOOOWWWW
MMMEEOOWWW MMEEEEOOOWWWW".

Meow meow meow, "MMMEEEEEEEEOOOOOOW
MEEEEOOOOOWWWW MEEOOOOOOW MMEEEOOWWWWWW".

Meow meow meow meow. Meow meow meow meow meow
meow meow meow.

Meow meow, "MMMEEEEOOOOOW MMEEOOOWWW
MMMMMEEOOOOOWW MMMMEEEOOOOW".

Meow meow meow, "MEEEEEOOOOOWWWWW
MEEOOOOOOWWWWW MEEOOWWWWW MEEEEEOOWWWW MMMEOWWW
MMEOOOWWWWW".

Meow meow, "MEEEEEOOOOWWWWW MEEEEEEEOOWWWWW
MMMMEEEOOOOOWWWW MMEEEEOOOOOWWWWWW MMMEEEEEEEOOOW
MEEEEEEOOOWWWWWWWW MEEOOOOWWWW".

Meow meow meow, "MEEEEEOOWWWWW MMMEOOOWW
MMMEEEEOOWWWW".

Meow meow, "MMMMEEEOOOWWWWW MEEEEEEEOOWWW
MEEOOOOOOOWWW MMMEOOOOWWWWWWW MEEEEOOOOOW
MMMEEOOOWWWW".

59

Meow, "MMEOOWWWWWW MMMEEEOOOWWW MMEEOOWW".

Meow meow meow, "MEEEOOOOWWW
MMEEEEEOOOOOOOWWWWWW MEEEOOWWW MMEEEOWWWWWW MEOOOOWWW
MEEEEEEOOOWWWW MEEEEOOOWW".

Meow meow meow meow meow meow. Meow meow meow
meow. Meow meow meow meow meow meow meow. Meow meow
meow meow meow meow meow meow meow meow, meow meow
meow meow meow. Meow meow meow meow meow meow meow
meow meow, meow meow. Meow meow meow meow meow meow
meow, meow meow meow. Meow meow meow meow meow meow
meow meow meow. Meow meow meow meow. Meow meow. Meow
meow meow, meow meow meow meow meow meow. Meow meow
meow meow, meow.

Meow meow meow. Meow meow meow meow meow,
meow. Meow meow meow meow meow meow meow meow meow
meow. Meow meow meow meow meow. Meow meow meow meow
meow meow meow. Meow meow, meow meow meow meow meow
meow meow meow.

Meow meow meow meow. Meow meow meow meow. Meow
meow meow meow meow meow meow meow, meow meow. Meow meow
meow meow meow, meow meow. Meow meow meow meow. Meow
meow meow meow. Meow meow. Meow meow meow meow, meow.
Meow meow meow meow, meow meow meow meow meow. Meow
meow meow meow meow meow meow, meow meow meow
meow.

Meow meow meow meow meow meow meow. Meow meow
meow. Meow meow meow meow meow, meow meow meow meow
meow meow meow meow. Meow meow meow, meow meow meow
meow meow meow meow meow meow. Meow meow meow meow.
Meow meow meow meow meow meow meow, meow meow meow
meow. Meow meow meow meow meow meow, meow meow meow
meow. Meow meow meow meow meow meow meow meow, meow
meow meow meow meow meow.

Meow meow meow meow. Meow meow meow meow meow
meow meow. Meow meow meow meow meow meow meow meow. Meow
meow meow, meow meow meow meow meow meow meow. Meow meow
meow meow meow meow meow. Meow meow meow meow meow. Meow
meow meow meow meow meow meow. Meow meow meow meow
meow meow meow. Meow meow meow meow, meow meow meow.
Meow meow meow meow meow meow meow meow, meow meow.

Meow meow meow meow meow meow meow. Meow meow meow meow meow meow meow meow. Meow meow meow meow meow meow meow, meow meow meow meow meow meow meow meow. Meow meow meow meow meow meow meow meow meow meow. Meow meow meow meow meow. Meow meow meow meow meow meow meow meow meow. Meow meow meow meow meow meow meow, meow meow meow. Meow meow meow meow meow, meow.

Meow meow meow. Meow meow meow meow. Meow meow meow, meow meow meow. Meow meow meow, meow meow meow meow meow. Meow meow meow meow meow. Meow meow meow, meow meow.

Meow meow meow. Meow meow meow meow meow meow. Meow meow meow meow, meow meow meow meow meow meow. Meow meow meow, meow meow meow meow meow. Meow meow meow meow meow, meow meow. Meow meow meow meow. Meow meow meow meow meow meow. Meow meow. Meow meow meow meow meow meow meow meow, meow meow.

Meow meow meow. Meow meow meow meow meow meow meow meow meow. Meow meow meow meow meow, meow meow meow meow meow. Meow meow meow meow meow meow meow meow meow meow. Meow meow. Meow meow meow meow meow meow meow. Meow meow meow. Meow meow meow meow meow meow meow meow meow, meow meow meow meow. Meow meow meow, meow meow meow meow.

Meow meow meow meow meow meow. Meow meow meow meow meow. Meow meow meow meow meow meow meow meow meow, meow meow meow meow meow. Meow meow meow meow meow meow meow, meow meow meow meow meow meow. Meow meow meow. Meow meow meow meow meow meow meow meow meow meow, meow meow meow meow meow meow. Meow meow, meow meow meow meow.

Meow meow meow meow. Meow meow meow meow meow meow meow meow. Meow meow meow meow. Meow meow meow meow meow meow meow meow meow meow, meow meow meow meow. Meow meow meow meow, meow meow meow meow meow meow. Meow meow meow meow meow. Meow meow meow meow meow meow meow meow. Meow meow meow, meow meow meow meow.

Meow meow meow meow. Meow meow meow. Meow meow meow meow meow meow. Meow meow meow, meow meow meow

meow meow meow. Meow meow meow meow meow meow meow
meow. Meow meow meow meow meow meow meow, meow meow.
Meow meow meow meow meow meow, meow meow meow meow
meow meow meow. Meow meow meow meow meow, meow meow
meow.

Meow meow meow meow meow meow. Meow meow meow
meow meow meow meow meow, meow meow meow meow meow
meow. Meow meow meow meow meow. Meow meow meow. Meow
meow meow meow meow meow meow meow, meow meow meow
meow meow meow meow meow meow meow meow. Meow meow meow
meow meow meow, meow meow meow meow meow meow. Meow
meow meow meow, meow meow meow. Meow meow meow meow
meow meow meow, meow.

Meow meow meow. Meow meow meow meow. Meow meow
meow meow meow meow meow meow. Meow meow meow meow,
meow meow meow meow meow. Meow meow meow meow, meow
meow meow meow meow. Meow meow meow meow meow meow
meow. Meow meow meow. Meow meow, meow meow meow meow
meow meow.

Meow meow meow meow meow. Meow meow meow meow
meow. Meow meow meow meow meow, meow meow meow meow.
Meow meow meow meow meow, meow meow meow meow meow
meow. Meow meow meow meow meow meow meow. Meow meow
meow meow meow meow. Meow meow meow meow, meow meow
meow meow. Meow meow meow meow, meow meow meow meow
meow meow meow.

Meow meow meow meow meow meow meow. Meow meow
meow meow meow meow, meow meow. Meow meow meow meow
meow, meow. Meow meow meow meow meow, meow meow meow
meow meow meow. Meow meow meow meow meow. Meow meow
meow meow. Meow meow meow meow meow meow. Meow meow
meow meow meow meow, meow meow meow. Meow meow meow
meow meow meow, meow meow meow meow meow meow meow
meow meow.

Meow meow meow meow meow meow meow meow. Meow
meow meow meow meow, meow meow meow meow. Meow meow meow.
Meow meow meow meow meow meow meow. Meow meow meow.
Meow meow meow meow meow meow. Meow meow meow meow
meow meow, meow meow meow meow. Meow meow meow meow
meow meow meow meow, meow meow meow meow meow meow.

Meow meow meow meow meow. Meow meow meow meow
meow meow meow, meow meow. Meow meow meow meow meow.
Meow meow meow meow meow meow meow meow. Meow meow
meow meow meow meow meow. Meow meow meow meow meow
meow, meow meow meow. Meow meow meow meow, meow meow
meow meow meow meow meow.

Meow meow meow meow meow. Meow meow. Meow meow
meow. Meow meow meow meow meow, meow. Meow meow meow
meow meow, meow meow meow. Meow meow meow, meow meow
meow meow. Meow meow meow meow meow meow meow meow,
meow meow meow meow meow. Meow meow meow. Meow meow
meow meow meow. Meow meow meow meow meow meow meow
meow. Meow meow meow meow meow meow meow, meow. Meow
meow meow meow meow meow meow, meow meow meow meow
meow. Meow meow meow, meow meow. Meow meow meow,
meow.

Meow meow meow. Meow meow meow meow meow meow
meow, meow meow meow meow. Meow meow meow meow, meow
meow meow meow meow. Meow meow meow meow meow meow
meow meow. Meow meow meow meow meow meow meow meow
meow meow. Meow meow meow meow meow meow meow meow
meow. Meow meow meow meow. Meow meow meow meow, meow
meow meow meow. Meow meow meow meow meow, meow meow
meow meow meow. Meow meow meow meow meow meow, meow
meow meow meow.

Meow meow meow meow meow meow meow. Meow meow
meow, meow meow meow meow meow meow meow meow. Meow meow
meow meow meow meow meow, meow meow meow. Meow meow
meow meow, meow meow meow meow meow meow meow meow. Meow
meow meow meow meow meow meow meow meow. Meow meow
meow meow meow meow meow meow. Meow meow meow meow
meow meow meow, meow meow meow meow meow. Meow meow
meow meow, meow.

Meow meow meow. Meow meow meow meow meow meow
meow meow meow. Meow meow meow meow meow, meow meow
meow meow meow meow. Meow meow meow meow meow meow
meow meow meow, meow meow meow. Meow meow. Meow meow
meow meow meow meow meow. Meow meow meow meow meow.
Meow meow, meow meow meow meow meow meow meow meow.

Meow meow meow meow, meow meow meow meow meow. Meow meow meow meow meow meow, meow meow meow meow.

MEOW

Meow meow meow. Meow meow meow meow meow. Meow
meow meow meow meow meow meow meow, meow meow. Meow
meow meow, meow meow meow. Meow meow meow meow. Meow
meow meow meow meow meow. Meow meow meow. Meow meow
meow meow meow meow meow, meow meow meow meow meow
meow meow meow meow. Meow meow meow meow meow meow,
meow meow meow meow.

Meow meow meow meow meow meow. Meow meow meow
meow meow meow meow. Meow meow meow meow meow meow
meow. Meow meow meow meow, meow meow meow meow meow
meow meow meow meow meow. Meow meow meow meow meow
meow, meow meow meow. Meow meow meow meow. Meow meow
meow meow meow, meow meow meow meow meow meow meow
meow meow. Meow meow meow meow, meow meow meow meow.

Meow meow meow meow. Meow meow meow meow meow
meow meow meow meow. Meow meow meow meow meow meow
meow meow, meow meow meow meow. Meow meow, meow meow
meow meow meow meow meow. Meow meow meow meow
meow. Meow meow meow meow meow meow meow. Meow meow
meow meow meow meow, meow meow meow meow.

Meow meow meow meow meow meow. Meow meow meow
meow meow meow meow. Meow meow meow meow, meow meow
meow meow meow. Meow meow meow meow meow meow meow
meow meow, meow meow. Meow meow meow meow meow meow
meow meow. Meow meow. Meow meow meow meow meow. Meow
meow meow meow meow meow meow meow meow, meow. Meow

meow meow meow, meow meow meow meow meow meow meow
meow.

Meow meow meow meow meow meow meow. Meow meow,
meow meow. Meow meow meow meow, meow meow meow meow
meow meow meow. Meow meow meow meow meow meow meow
meow, meow meow meow meow. Meow meow meow meow meow
meow meow. Meow meow meow meow meow meow. Meow meow
meow meow meow meow, meow meow meow. Meow meow meow
meow meow meow meow, meow meow meow meow meow meow.

Meow meow meow meow meow. Meow meow meow meow
meow meow meow meow, meow meow meow meow. Meow meow
meow meow meow, meow meow meow meow meow meow meow
meow meow meow meow. Meow meow meow meow meow meow.
Meow meow meow meow. Meow meow meow meow meow. Meow
meow meow meow meow, meow meow meow meow. Meow meow
meow meow meow, meow meow meow. Meow meow meow, meow
meow meow meow meow meow meow meow.

Meow meow meow meow meow meow. Meow meow meow
meow. Meow meow meow meow meow meow. Meow meow meow,
meow meow meow meow meow meow meow meow. Meow meow meow
meow meow. Meow meow meow meow meow meow, meow meow
meow meow. Meow meow meow, meow meow meow. Meow meow
meow meow, meow meow meow meow.

Meow meow meow. Meow meow meow meow, meow meow
meow meow meow meow meow. Meow meow meow meow meow
meow meow, meow meow meow. Meow meow meow meow meow,
meow meow meow. Meow meow meow meow meow meow, meow
meow meow. Meow meow meow meow meow. Meow meow meow
meow. Meow meow meow meow, meow meow meow meow.

Meow meow meow meow meow meow meow meow. Meow
meow meow meow meow meow. Meow meow. Meow meow meow
meow meow meow, meow meow meow meow meow. Meow meow meow
meow meow. Meow meow meow meow. Meow meow meow meow
meow meow meow meow meow meow. Meow meow meow meow,
meow meow meow meow meow meow meow. Meow meow meow
meow meow meow meow meow, meow meow meow meow meow.

Meow meow meow meow. Meow meow meow meow meow.
Meow meow meow meow meow meow meow meow meow meow.
Meow meow meow meow meow meow, meow meow meow meow
meow meow. Meow meow meow meow meow, meow meow meow

meow meow. Meow meow meow meow, meow meow meow. Meow
meow meow meow meow meow meow. Meow meow meow meow
meow meow meow meow meow. Meow meow meow meow meow
meow. Meow meow meow meow meow meow meow, meow meow
meow meow.

Meow meow meow meow meow meow meow meow. Meow
meow meow meow meow meow meow. Meow meow meow meow
meow meow meow, meow. Meow meow meow meow. Meow meow
meow. Meow meow meow. Meow meow meow meow meow, meow
meow meow meow meow.

Meow meow meow meow meow meow meow. Meow meow
meow meow meow. Meow meow meow meow meow meow, meow.
Meow meow meow meow meow meow meow, meow meow meow
meow meow meow meow meow. Meow meow meow meow meow,
meow meow meow meow meow meow. Meow meow meow, meow
meow meow meow meow. Meow meow meow meow meow meow
meow meow meow. Meow meow meow meow meow meow meow.
Meow meow meow meow meow meow meow. Meow meow, meow
meow meow. Meow meow meow meow meow meow, meow. Meow
meow meow meow meow meow, meow meow meow.

Meow meow meow meow. Meow meow meow. Meow meow
meow meow meow, meow meow meow meow meow meow meow
meow. Meow meow meow meow meow meow meow meow, meow
meow meow meow meow meow meow meow. Meow meow meow
meow meow meow, meow meow meow meow meow meow meow.
Meow meow meow meow meow. Meow meow meow meow meow
meow meow, meow meow meow. Meow meow meow meow meow,
meow meow meow meow. Meow meow meow meow meow meow
meow, meow meow meow.

Meow meow. Meow meow meow meow meow meow meow
meow meow. Meow meow meow meow meow. Meow meow meow
meow, meow meow meow meow meow meow meow. Meow meow meow.
Meow meow meow meow meow. Meow meow meow, meow meow
meow. Meow meow meow meow meow meow meow meow meow
meow meow, meow meow. Meow meow meow meow meow meow,
meow meow meow.

Meow meow meow meow meow meow meow meow. Meow
meow meow, meow meow meow meow meow meow meow meow. Meow
meow meow meow meow meow meow meow meow, meow meow meow
meow. Meow meow meow meow meow. Meow meow meow meow

meow meow meow. Meow meow. Meow meow meow. Meow meow
meow, meow. Meow meow meow meow, meow meow meow meow.
Meow meow meow meow meow, meow.

Meow meow meow meow meow meow. Meow meow meow
meow meow meow meow. Meow meow, meow meow meow. Meow
meow meow meow meow meow meow meow, meow meow.
Meow meow meow meow meow meow. Meow meow meow meow
meow meow meow meow meow meow meow, meow.

Meow meow meow meow. Meow meow. Meow meow meow
meow meow, meow meow meow meow meow meow meow meow meow
meow. Meow meow meow meow meow meow meow, meow. Meow
meow meow meow, meow. Meow meow meow meow meow meow
meow meow meow meow. Meow meow meow meow meow meow
meow meow. Meow meow. Meow meow meow meow meow meow.
Meow meow, meow meow meow meow. Meow meow meow meow
meow, meow meow meow meow meow meow. Meow meow meow
meow meow meow, meow meow meow.

Meow meow meow meow meow meow. Meow meow meow,
meow meow meow meow meow meow meow. Meow meow meow meow
meow meow meow, meow meow meow meow meow meow meow
meow. Meow meow meow, meow meow meow meow. Meow meow
meow meow. Meow meow meow meow, meow meow meow meow.
Meow meow meow meow meow meow meow meow meow meow,
meow.

Meow meow meow meow meow meow. Meow meow meow.
Meow meow meow meow meow meow meow meow meow meow.
Meow meow meow, meow meow meow. Meow meow meow meow
meow meow meow meow. Meow meow meow meow meow meow
meow. Meow meow meow meow meow meow meow, meow meow
meow meow meow meow. Meow meow, meow meow meow meow
meow. Meow meow meow meow meow, meow meow meow meow
meow.

Meow meow meow meow. Meow meow meow meow. Meow
meow meow meow meow meow meow, meow meow. Meow meow
meow meow meow meow, meow meow meow meow. Meow meow meow
meow. Meow meow meow meow meow meow meow meow meow
meow, meow meow meow meow. Meow meow meow meow meow
meow meow meow meow meow, meow meow meow meow meow.
Meow meow meow meow meow meow meow meow. Meow
meow meow meow meow meow, meow meow meow meow meow.

Meow meow meow meow meow, meow meow. Meow meow meow meow meow meow meow meow meow meow, meow meow meow meow. Meow meow meow meow meow meow, meow meow meow. Meow meow meow. Meow meow meow meow meow, meow meow. Meow meow meow meow meow meow, meow. Meow meow meow meow meow meow, meow meow meow meow meow.

Meow meow meow meow meow meow meow. Meow meow meow meow meow meow meow meow meow, meow meow meow meow meow. Meow meow meow meow meow, meow meow meow. Meow meow meow meow, meow meow meow meow. Meow meow meow meow. Meow meow meow meow meow meow, meow meow meow meow meow.

Meow meow meow meow meow. Meow meow meow. Meow meow meow meow meow meow meow meow. Meow meow meow meow meow meow meow meow, meow meow meow meow meow meow meow meow meow meow meow. Meow meow meow, meow meow. Meow meow meow. Meow meow meow meow meow meow meow. Meow meow meow, meow meow meow meow meow meow meow meow meow. Meow meow meow meow, meow meow meow meow meow meow meow. Meow meow meow meow meow meow meow meow, meow meow meow meow meow.

Meow meow meow meow meow meow meow meow. Meow meow meow meow. Meow meow meow meow. Meow meow meow, meow meow meow meow meow meow meow meow. Meow meow meow meow meow meow meow, meow meow meow. Meow meow meow meow meow meow meow meow meow. Meow meow meow meow meow. Meow meow meow meow. Meow meow meow meow meow meow meow meow meow, meow meow meow. Meow meow meow meow meow, meow.

Meow meow meow meow meow meow meow meow. Meow meow meow meow meow. Meow meow meow. Meow meow meow meow meow meow meow, meow meow meow meow meow meow. Meow meow, meow meow meow. Meow meow meow meow, meow meow meow. Meow meow meow meow meow meow meow meow. Meow meow meow meow meow meow meow meow meow. Meow meow meow meow meow meow meow meow. Meow meow meow meow meow meow meow. Meow meow meow meow meow meow meow, meow meow. Meow meow meow meow, meow meow.

Meow meow meow meow meow. Meow meow. Meow meow meow meow meow meow meow meow. Meow meow meow meow

meow meow meow meow, meow meow. Meow meow meow meow
meow meow meow meow, meow meow meow meow meow meow
meow meow. Meow meow meow meow meow, meow meow meow.
Meow meow meow meow meow meow, meow. Meow meow. Meow
meow meow meow meow. Meow meow meow meow meow meow
meow meow. Meow meow meow meow meow meow, meow meow
meow meow. Meow meow meow meow meow meow, meow meow
meow meow meow meow meow.

Meow meow meow meow meow meow meow meow. Meow
meow meow meow meow meow meow meow meow meow. Meow meow
meow meow meow, meow meow meow meow meow meow meow meow.
Meow meow meow meow meow, meow meow meow meow meow. Meow
meow meow meow meow meow meow. Meow meow meow. Meow
meow meow meow meow meow meow meow. Meow meow meow
meow meow meow meow meow. Meow meow meow, meow meow meow.
Meow meow meow meow meow meow meow, meow meow meow
meow meow. Meow meow meow, meow meow.

Meow meow meow meow. Meow meow meow meow meow,
meow meow meow. Meow meow meow meow meow meow meow, meow
meow meow. Meow meow meow meow meow meow, meow. Meow
meow meow meow, meow meow. Meow meow meow meow. Meow
meow meow meow. Meow meow meow meow meow meow
meow meow meow. Meow meow meow, meow meow meow meow.
Meow meow meow meow meow, meow meow meow.

Meow meow meow meow. Meow meow meow meow meow
meow. Meow meow, meow. Meow meow meow meow meow meow
meow meow meow, meow meow meow meow meow meow meow.
Meow meow meow meow meow meow meow meow meow meow.
Meow meow meow meow. Meow meow meow meow meow meow.
Meow meow meow meow meow meow meow meow meow
meow meow meow, meow meow meow. Meow meow meow meow
meow meow meow meow meow, meow.

Meow meow meow meow meow meow. Meow meow meow
meow meow meow meow meow meow meow. Meow meow meow meow
meow meow. Meow meow meow meow meow meow meow. Meow
meow meow meow, meow meow meow meow meow meow meow. Meow
meow meow meow meow meow meow. Meow meow meow. Meow meow
meow meow meow meow meow. Meow meow meow meow meow
meow meow meow meow, meow meow meow meow meow meow
meow meow meow. Meow meow, meow meow meow meow meow.

Meow meow meow meow meow meow meow meow meow, meow meow.

Meow meow. Meow meow meow. Meow meow meow meow meow meow meow, meow meow meow. Meow meow meow meow meow meow meow, meow meow meow meow meow meow meow. Meow meow, meow meow meow meow meow meow meow meow. Meow meow meow meow meow meow meow meow meow meow meow meow meow. Meow meow meow meow meow. Meow meow meow meow meow meow, meow meow meow. Meow meow, meow meow meow meow meow meow meow meow. Meow meow meow meow meow meow, meow meow meow meow meow meow meow.

Meow meow meow meow meow meow. Meow meow meow meow meow meow meow, meow meow meow meow meow meow meow. Meow meow meow meow meow meow, meow meow meow meow meow meow meow. Meow meow meow meow meow meow meow meow meow meow meow meow. Meow meow meow meow. Meow meow meow meow, meow meow meow meow meow meow meow. Meow meow meow meow meow, meow meow. Meow meow meow meow meow meow, meow meow meow meow meow.

Meow meow meow meow. Meow meow meow meow. Meow meow meow meow meow meow meow meow. Meow meow meow meow, meow meow. Meow meow meow meow, meow meow meow. Meow meow meow meow. Meow meow meow. Meow meow meow meow, meow meow meow meow meow.

Meow meow meow meow. Meow meow meow meow meow meow meow meow meow. Meow meow meow meow meow meow. Meow meow meow, meow meow. Meow meow meow meow meow meow meow meow, meow meow meow. Meow meow meow meow meow. Meow meow meow meow. Meow meow meow meow, meow meow meow meow.

Meow meow meow meow meow meow meow. Meow meow meow meow meow meow meow meow. Meow meow meow meow meow meow meow meow meow. Meow meow meow meow, meow meow meow meow meow meow. Meow meow meow meow, meow meow meow meow meow. Meow meow meow meow meow, meow meow meow meow meow. Meow meow meow meow meow, meow meow meow. Meow meow meow meow meow meow meow meow. Meow meow meow meow meow. Meow meow, meow meow meow meow. Meow meow meow meow meow, meow meow. Meow meow meow meow meow, meow meow.

Meow meow meow meow meow meow. Meow meow meow meow meow. Meow meow meow meow. Meow meow meow meow meow, meow meow meow. Meow meow meow meow, meow meow meow. Meow meow meow meow meow meow. Meow meow meow meow meow meow meow meow meow meow, meow meow meow meow meow meow.

Meow meow. Meow meow meow. Meow meow meow meow. Meow meow, meow meow meow. Meow meow meow meow. Meow meow meow meow meow. Meow meow meow meow meow meow, meow meow meow meow. Meow meow meow meow meow, meow meow meow meow. Meow meow meow meow, meow meow meow meow meow meow.

Meow meow meow meow. Meow meow meow meow meow meow. Meow meow meow meow meow meow meow. Meow meow meow meow. Meow meow meow meow meow meow, meow meow. Meow meow meow meow meow meow, meow meow. Meow meow meow meow. Meow meow meow meow. Meow meow meow. Meow meow meow, meow meow meow meow meow meow meow. Meow meow meow meow meow, meow meow. Meow meow meow meow meow, meow.

Meow meow. Meow meow meow meow meow meow meow meow, meow meow meow meow meow meow meow. Meow meow. Meow meow. Meow meow. Meow meow meow meow meow, meow meow meow meow. Meow meow meow meow meow meow, meow meow meow. Meow meow meow meow meow meow, meow meow meow. Meow meow meow meow meow meow meow meow, meow meow.

Meow meow meow meow. Meow meow meow meow meow meow meow meow. Meow meow meow meow meow meow meow meow meow meow. Meow meow meow meow meow meow meow, meow meow meow. Meow meow meow, meow meow meow meow. Meow meow meow meow, meow meow meow meow. Meow meow meow meow meow, meow meow meow meow meow meow. Meow meow meow meow meow meow meow. Meow meow meow meow meow meow meow meow meow. Meow meow meow meow meow meow meow, meow meow meow meow. Meow meow meow meow meow, meow meow. Meow meow meow meow meow meow, meow meow meow meow meow meow meow. Meow meow meow. Meow meow meow meow meow meow, meow meow.

Meow meow meow. Meow meow meow meow meow meow meow, meow meow meow. Meow meow meow meow, meow meow.

Meow meow meow. Meow meow meow meow meow meow meow.
Meow meow meow meow meow meow meow, meow meow meow
meow. Meow meow meow meow meow meow meow meow meow,
meow meow meow meow.

Meow meow meow. Meow meow meow meow. Meow meow
meow meow meow. Meow meow meow meow meow meow meow,
meow. Meow meow meow meow meow meow meow, meow meow.
Meow meow. Meow meow meow meow meow meow, meow meow
meow meow. Meow meow meow meow meow, meow meow meow.
Meow meow meow meow meow meow meow, meow meow meow.

Meow meow meow meow meow meow meow meow. Meow
meow meow meow meow meow meow. Meow meow. Meow meow
meow meow meow meow, meow meow meow meow meow. Meow
meow meow. Meow meow meow meow meow. Meow meow meow
meow meow meow meow, meow meow meow. Meow meow meow
meow meow, meow meow meow meow meow meow. Meow meow
meow meow meow meow meow, meow meow meow meow meow
meow.

Meow meow. Meow meow meow. Meow meow meow
meow, meow meow meow meow meow meow meow. Meow meow meow
meow meow meow meow meow meow. Meow meow meow meow meow.
Meow meow meow meow meow meow meow meow meow meow.
Meow meow meow meow meow meow, meow. Meow meow meow
meow meow meow, meow meow meow meow meow meow meow.
Meow meow, meow meow meow meow meow. Meow meow meow
meow, meow meow.

Meow meow meow meow meow meow meow meow. Meow
meow meow meow meow meow meow meow. Meow meow meow,
meow meow meow meow meow meow meow. Meow meow meow meow
meow, meow meow meow meow meow meow. Meow meow meow meow
meow meow meow meow. Meow meow meow meow meow meow.
Meow meow meow meow meow meow. Meow meow meow meow
meow meow meow meow meow meow meow. Meow meow meow
meow meow meow meow meow meow, meow meow meow.

MEOW

Meow meow meow. Meow meow meow meow meow meow.
Meow meow meow, meow meow meow meow meow meow. Meow
meow meow meow meow meow meow meow meow, meow meow
meow meow meow meow. Meow meow meow meow meow. Meow
meow meow meow meow meow meow meow meow. Meow meow,
meow meow meow meow. Meow meow meow meow meow meow
meow, meow meow meow meow. Meow meow meow meow, meow
meow meow.

Meow meow meow meow. Meow meow meow meow meow
meow meow meow. Meow meow meow meow meow, meow meow
meow meow meow. Meow meow meow meow meow meow meow
meow, meow meow. Meow meow meow meow meow meow meow
meow meow, meow meow meow. Meow meow meow meow meow,
meow meow meow meow meow. Meow meow meow meow meow
meow meow meow. Meow meow meow meow meow meow meow
meow meow, meow meow meow meow meow. Meow meow meow
meow meow meow meow meow meow meow, meow meow meow
meow.

Meow meow meow meow meow meow meow meow meow
meow. Meow meow meow meow meow meow meow meow. Meow
meow meow meow meow meow, meow. Meow meow meow meow
meow. Meow meow meow meow meow meow meow meow meow.
Meow meow meow meow. Meow meow meow meow, meow meow.
Meow meow meow meow meow, meow meow meow meow meow
meow meow. Meow meow meow meow, meow meow meow meow
meow meow meow meow.

Meow meow meow meow meow. Meow meow meow. Meow meow meow meow meow meow, meow meow meow meow. Meow meow meow meow meow meow meow, meow. Meow meow meow meow meow meow meow meow meow, meow meow. Meow meow meow meow meow meow meow. Meow meow meow meow meow meow meow meow, meow meow.

Meow meow meow meow. Meow meow meow, meow meow meow meow meow. Meow meow meow meow meow meow. Meow meow meow meow meow meow meow, meow meow meow meow meow meow meow. Meow meow meow meow meow meow, meow meow. Meow meow meow meow meow meow meow, meow meow meow meow meow.

Meow meow meow. Meow meow. Meow meow meow meow meow. Meow meow meow meow meow meow meow meow. Meow meow meow meow meow, meow meow meow meow. Meow meow meow meow, meow meow meow meow meow. Meow meow meow meow meow. Meow meow meow meow. Meow meow meow, meow meow meow meow.

Meow meow meow meow meow meow meow meow meow meow. Meow meow meow, meow meow. Meow meow meow meow meow meow meow, meow meow meow. Meow meow meow meow meow, meow meow meow meow meow meow meow. Meow meow. Meow meow meow meow meow meow meow meow meow. Meow meow meow meow, meow meow meow meow meow. Meow meow, meow meow meow meow.

Meow meow meow meow meow meow meow meow. Meow meow meow meow, meow meow meow. Meow meow meow meow meow, meow meow meow meow meow meow meow. Meow meow meow meow meow meow, meow meow. Meow meow meow meow meow. Meow meow meow meow. Meow meow meow meow meow. Meow meow meow meow meow meow. Meow meow meow meow meow, meow meow. Meow meow meow meow meow meow meow, meow meow meow. Meow meow, meow meow meow.

Meow meow meow. Meow meow meow. Meow meow meow meow meow meow meow meow, meow meow. Meow meow meow, meow meow meow. Meow meow. Meow meow meow meow meow. Meow meow meow. Meow meow meow meow meow meow meow. Meow meow meow, meow meow meow meow meow. Meow meow meow meow, meow meow meow.

Meow meow meow meow. Meow meow meow meow, meow
meow meow. Meow meow meow meow, meow meow meow meow
meow meow. Meow meow meow meow meow meow meow. Meow
meow meow meow meow meow meow meow. Meow meow meow meow
meow meow, meow meow meow meow meow. Meow meow meow,
meow.

Meow meow meow meow. Meow meow meow meow meow
meow meow meow. Meow meow meow meow meow meow meow
meow meow, meow meow meow. Meow meow meow meow meow
meow meow, meow meow meow meow meow meow. Meow meow
meow meow meow, meow meow. Meow meow meow meow. Meow
meow. Meow meow meow meow. Meow meow meow meow, meow
meow.

Meow meow meow meow meow meow meow meow meow
meow. Meow meow meow meow meow meow. Meow meow meow
meow meow meow. Meow meow meow meow meow meow meow,
meow meow meow meow meow meow meow. Meow meow meow
meow meow meow, meow meow meow meow meow meow. Meow
meow meow meow meow meow, meow meow meow meow. Meow
meow meow meow meow meow. Meow meow meow. Meow meow
meow meow meow meow meow meow meow. Meow meow meow
meow meow, meow meow meow meow meow meow meow. Meow meow,
meow meow.

Meow meow meow meow meow meow. Meow meow meow
meow. Meow meow meow. Meow meow meow meow, meow meow
meow meow meow meow meow. Meow meow meow meow, meow
meow meow meow meow meow. Meow meow meow meow meow
meow meow meow meow meow meow meow. Meow meow meow
meow meow, meow meow meow meow meow. Meow meow, meow meow
meow.

Meow meow meow meow meow meow meow meow meow
meow. Meow meow meow meow meow meow meow meow. Meow
meow meow meow. Meow meow meow meow meow meow meow
meow, meow meow meow. Meow meow meow. Meow meow meow
meow meow meow meow. Meow meow meow meow meow meow
meow meow. Meow meow meow meow meow, meow meow meow
meow meow meow meow meow. Meow meow meow meow meow
meow, meow meow meow meow meow.

Meow meow meow meow meow meow meow meow meow
meow. Meow meow meow meow meow meow, meow meow meow

meow meow meow meow. Meow meow meow meow meow meow
meow, meow meow meow. Meow meow meow meow meow meow.
Meow meow meow meow. Meow meow. Meow meow meow meow,
meow meow meow. Meow meow meow meow meow meow meow,
meow meow meow. Meow meow meow meow, meow. Meow meow
meow meow meow meow meow, meow meow meow.

Meow meow meow meow meow. Meow meow meow meow
meow meow meow meow, meow meow meow meow meow. Meow
meow meow meow. Meow meow meow meow meow meow meow.
Meow meow meow meow meow. Meow meow, meow meow meow.
Meow meow meow meow meow meow meow, meow meow. Meow
meow meow meow, meow.

Meow meow meow meow meow meow meow meow meow
meow. Meow meow meow meow meow meow. Meow meow meow
meow meow meow meow meow meow. Meow meow meow, meow meow
meow meow. Meow meow meow meow, meow meow meow meow
meow meow meow meow. Meow meow, meow meow meow meow
meow meow. Meow meow meow meow meow, meow meow meow
meow meow. Meow meow meow meow. Meow meow meow, meow
meow meow.

Meow meow meow meow. Meow meow meow meow meow
meow. Meow meow meow meow meow meow meow, meow. Meow
meow, meow meow meow meow meow meow. Meow meow meow meow
meow meow. Meow meow meow meow meow meow meow meow
meow. Meow meow meow. Meow meow meow meow. Meow meow
meow meow meow meow meow, meow meow meow meow. Meow
meow meow meow meow meow, meow meow meow meow meow
meow meow.

Meow meow meow meow meow meow meow meow meow.
Meow meow meow meow meow, meow meow. Meow meow meow
meow meow meow meow, meow meow. Meow meow meow meow
meow meow meow. Meow meow. Meow meow meow meow meow
meow meow meow, meow meow meow meow meow meow meow
meow. Meow meow meow meow meow meow, meow.

Meow meow meow meow meow meow meow. Meow meow
meow meow meow meow meow meow meow meow.

Meow meow, "Meow meow meow meow meow meow
meow".

Meow meow meow, "Meow meow meow".

Meow meow meow meow. Meow meow. Meow meow meow meow meow.

Meow meow meow meow, "Meow meow meow meow meow meow".

Meow meow meow meow meow meow. Meow meow meow meow meow meow.

Meow meow meow, "Meow meow meow meow meow meow".

Meow, "Meow meow meow meow meow meow meow meow meow".

Meow meow meow, "Meow meow meow meow".

Meow meow, "Meow meow meow meow meow meow".

Meow meow, "Meow meow meow meow".

Meow, "Meow meow".

Meow meow meow meow meow.

Meow meow, "Meow meow meow meow meow".

Meow meow, "Meow meow meow".

Meow meow meow meow meow meow. Meow meow meow meow meow meow. Meow meow meow meow. Meow meow meow meow meow meow.

Meow meow, "Meow meow meow meow meow meow meow meow meow meow".

Meow meow meow meow.

Meow meow meow, "Meow meow meow meow".

Meow, "Meow meow".

Meow meow, "Meow meow meow meow meow meow meow meow".

Meow meow, "Meow meow meow meow meow meow meow meow meow".

Meow meow meow, "Meow meow meow meow meow".

Meow, "Meow meow meow meow meow meow meow meow".

Meow, "Meow meow meow meow meow".

Meow meow meow meow meow meow meow meow.

Meow meow, "Meow meow meow meow meow".

Meow meow, "Meow meow meow meow meow meow".

Meow, "Meow meow".

Meow, "Meow meow meow meow meow".

Meow meow meow meow. Meow meow meow meow meow. Meow meow meow meow meow meow meow meow meow.

Meow, "Meow meow meow meow".
Meow meow, "Meow meow meow meow".
Meow meow meow, "Meow meow meow".
Meow meow meow, "Meow meow meow meow".
Meow meow, "Meow meow meow".
Meow, "Meow meow meow meow meow meow meow".
Meow meow, "Meow meow meow".
Meow meow, "Meow meow meow meow".
Meow meow meow, "Meow meow meow meow".
Meow meow meow. Meow meow meow meow meow meow meow. Meow meow meow meow meow meow meow meow.
Meow meow meow meow, "Meow meow meow meow meow meow".
Meow meow, "Meow meow meow".
Meow, "Meow meow meow".
Meow meow meow meow meow meow meow meow meow meow. Meow meow meow meow meow. Meow meow meow meow meow meow.
Meow meow, "Meow meow meow meow meow meow meow meow".
Meow, "Meow meow meow meow meow meow meow meow meow".
Meow meow meow.
Meow meow, "Meow meow meow meow meow meow meow meow".
Meow meow meow, "Meow meow meow".
Meow, "Meow meow meow".
Meow meow meow, "Meow meow meow meow meow".
Meow meow meow meow. Meow meow meow meow meow meow meow meow.
Meow meow, "Meow meow meow".
Meow, "Meow meow".
Meow meow meow, "Meow meow meow meow meow meow".
Meow meow meow, "Meow meow meow meow".
Meow meow meow meow meow. Meow meow meow meow meow meow meow.
Meow meow, "Meow meow meow meow".
Meow, "Meow meow meow meow".
Meow meow, "Meow meow meow meow".

Meow, "Meow meow meow meow meow meow meow".

Meow meow, "Meow meow meow meow".

Meow meow meow, "Meow meow meow meow meow meow meow".

Meow meow, "Meow meow meow meow meow".

Meow meow meow meow meow meow meow meow meow.

Meow meow, "Meow meow meow meow".

Meow, "Meow meow meow meow".

Meow, "Meow meow meow meow".

Meow meow. Meow meow meow meow meow. Meow meow meow meow.

Meow meow, "Meow meow meow".

Meow meow, "Meow meow meow meow meow".

Meow meow meow meow meow. Meow meow meow meow. Meow meow meow meow meow meow, meow meow meow meow meow meow meow. Meow meow meow meow meow meow, meow meow meow meow meow. Meow meow meow meow meow. Meow meow meow meow, meow meow meow. Meow meow meow meow meow meow meow, meow meow meow. Meow meow, meow meow.

Meow meow meow. Meow meow meow meow meow meow meow meow. Meow meow meow, meow meow. Meow meow meow meow meow meow, meow. Meow meow meow meow meow meow meow meow meow. Meow meow meow meow meow meow meow meow meow. Meow meow meow meow meow, meow meow meow meow meow. Meow meow meow meow meow, meow meow meow meow meow meow meow meow. Meow meow meow meow meow, meow meow meow.

Meow meow meow meow meow meow. Meow meow meow meow, meow meow meow meow meow meow meow. Meow meow meow meow meow meow. Meow meow meow. Meow meow meow meow meow meow meow meow meow. Meow meow meow meow meow, meow.

Meow meow meow meow meow. Meow meow, meow meow meow meow meow meow. Meow meow meow meow meow. Meow meow meow meow. Meow meow meow meow, meow meow meow meow meow meow meow. Meow meow meow meow, meow meow. Meow meow meow meow meow meow meow, meow meow meow.

Meow meow meow meow meow meow meow. Meow meow meow meow meow meow meow. Meow meow meow meow meow meow. Meow meow meow meow meow meow, meow meow meow.

Meow meow meow meow, meow meow meow meow meow meow
meow. Meow meow meow meow. Meow meow meow meow meow
meow meow, meow. Meow meow meow meow meow meow meow
meow meow meow meow, meow meow meow. Meow meow, meow
meow meow meow meow meow meow.

Meow meow meow meow meow meow meow meow. Meow
meow meow meow meow meow. Meow meow meow meow meow
meow, meow meow. Meow meow meow meow meow, meow meow
meow meow meow. Meow meow meow meow meow meow meow
meow meow, meow meow. Meow meow meow meow meow meow.
Meow meow meow meow meow. Meow meow meow meow meow.
Meow meow meow meow, meow meow meow meow meow meow
meow meow. Meow meow meow, meow meow meow meow. Meow
meow meow meow meow, meow meow meow.

Meow meow meow meow meow meow. Meow meow. Meow
meow meow meow meow meow meow. Meow meow meow meow
meow, meow meow meow meow meow meow meow. Meow meow meow
meow. Meow meow meow meow. Meow meow meow meow meow
meow meow, meow meow meow. Meow meow meow meow, meow
meow meow meow meow meow.

Meow meow meow meow meow. Meow meow meow meow
meow. Meow meow meow meow meow meow meow, meow meow
meow meow. Meow meow meow meow meow, meow meow meow.
Meow meow meow meow meow, meow meow meow meow meow
meow meow. Meow meow meow meow meow meow. Meow meow
meow meow meow meow, meow meow meow meow meow. Meow
meow meow meow meow meow meow, meow meow meow
meow.

Meow meow meow meow meow meow meow meow meow.
Meow meow meow meow meow. Meow meow meow meow meow,
meow meow meow meow meow. Meow meow meow meow, meow
meow meow meow meow meow meow meow. Meow meow meow meow
meow meow meow meow, meow. Meow meow. Meow meow meow
meow meow meow, meow. Meow meow meow meow meow, meow
meow meow meow meow. Meow meow meow meow meow meow,
meow meow meow. Meow meow meow meow meow, meow meow
meow meow meow.

Meow meow meow meow. Meow meow meow meow meow
meow meow meow meow. Meow meow meow meow meow. Meow
meow meow meow meow meow meow meow meow, meow meow meow

meow meow meow meow meow meow. Meow meow, meow meow.
Meow meow meow meow meow meow, meow meow meow meow.
Meow meow meow. Meow meow meow meow meow. Meow meow
meow meow meow, meow meow meow. Meow meow meow meow,
meow.

Meow meow meow meow. Meow meow meow meow meow
meow meow meow meow, meow meow. Meow meow meow meow
meow meow meow meow meow meow, meow meow meow. Meow
meow meow meow meow, meow meow meow meow. Meow meow
meow meow meow meow meow. Meow meow meow meow meow
meow meow. Meow meow meow meow. Meow meow meow meow
meow meow, meow meow meow. Meow meow meow meow meow
meow, meow meow meow meow meow meow meow meow meow.
Meow meow meow meow, meow meow meow.

Meow meow meow meow. Meow meow meow meow meow
meow meow meow. Meow meow meow meow meow meow meow,
meow meow meow meow. Meow meow meow meow. Meow meow
meow meow meow meow meow. Meow meow meow meow meow
meow, meow meow meow meow meow meow meow meow meow
meow. Meow meow meow meow, meow meow meow meow meow
meow meow meow. Meow meow meow meow meow, meow meow
meow meow meow meow.

Meow meow meow meow. Meow meow meow meow meow.
Meow meow meow. Meow meow meow meow meow meow, meow
meow meow. Meow meow meow, meow meow meow meow meow
meow meow. Meow meow meow meow meow meow. Meow meow
meow meow meow meow. Meow meow meow. Meow meow meow
meow. Meow meow meow meow, meow meow meow meow meow
meow meow. Meow meow meow meow meow, meow meow.

Meow meow meow. Meow meow meow meow meow meow,
meow meow. Meow meow meow meow meow meow. Meow meow meow.
Meow meow meow. Meow meow meow meow meow meow meow,
meow meow. Meow meow meow meow meow meow meow meow,
meow meow meow.

Meow meow meow meow meow meow. Meow meow meow
meow meow meow, meow meow meow meow meow. Meow meow meow
meow meow meow, meow meow. Meow meow meow meow meow
meow meow meow meow meow meow, meow meow meow meow.
Meow meow meow. Meow meow meow meow meow meow meow,

meow meow meow. Meow meow meow meow, meow meow meow
meow meow meow meow.

    Meow meow meow. Meow meow meow meow meow. Meow
meow meow, meow meow meow meow meow meow. Meow meow
meow meow meow meow, meow meow meow meow meow meow.
Meow meow meow meow meow, meow meow meow meow meow
meow meow. Meow meow meow meow. Meow meow meow meow
meow meow, meow meow meow meow meow meow meow meow.
Meow meow meow meow meow meow, meow meow.

    Meow meow meow meow meow. Meow meow meow meow
meow. Meow meow meow meow meow meow meow meow, meow
meow meow. Meow meow meow meow meow meow meow, meow
meow. Meow meow. Meow meow meow meow meow meow meow
meow meow. Meow meow meow meow, meow meow. Meow meow,
meow meow meow meow. Meow meow meow, meow meow meow
meow meow meow.

    Meow meow meow meow meow meow. Meow meow meow
meow. Meow meow meow meow meow meow. Meow meow meow
meow, meow. Meow meow meow, meow meow meow meow meow.
Meow meow meow meow meow meow, meow meow meow. Meow
meow meow meow meow meow. Meow meow meow meow meow
meow. Meow meow meow meow meow meow meow meow meow.
Meow meow meow meow meow, meow meow meow meow meow
meow.

    Meow meow meow meow meow meow meow. Meow meow.
Meow meow meow meow meow meow, meow. Meow meow meow
meow meow meow meow meow, meow meow meow meow. Meow
meow meow meow meow, meow meow meow meow meow meow
meow. Meow meow meow meow meow meow meow meow. Meow
meow meow meow meow meow meow meow. Meow meow meow
meow, meow meow meow meow. Meow meow meow meow meow,
meow meow meow meow.

    Meow meow meow meow meow meow. Meow meow meow
meow meow. Meow meow meow meow meow meow meow meow,
meow meow meow meow. Meow meow meow meow meow meow,
meow meow meow meow meow meow meow. Meow meow meow
meow. Meow meow meow meow meow. Meow meow meow meow
meow meow meow. Meow meow meow meow meow meow, meow
meow meow meow meow. Meow meow meow meow meow, meow
meow meow meow. Meow meow meow, meow meow.

Meow meow meow meow meow meow meow meow meow meow. Meow meow meow meow meow meow meow meow. Meow meow meow meow meow meow meow. Meow meow meow meow, meow meow meow meow meow. Meow meow meow meow meow meow, meow meow meow meow meow meow meow. Meow meow meow meow meow, meow meow meow meow meow meow. Meow meow meow meow meow meow meow meow. Meow meow meow meow meow meow meow meow meow meow. Meow meow meow meow meow, meow meow meow. Meow meow meow meow meow, meow meow meow. Meow meow meow meow meow meow meow, meow meow meow meow meow meow meow. Meow meow meow meow, meow meow meow meow meow meow meow meow meow.

Meow meow meow. Meow meow meow meow meow meow.

Meow, "Meow meow meow".

Meow, "Meow meow".

Meow meow meow meow meow meow meow meow. Meow meow.

Meow, "Meow meow".

Meow, "Meow meow meow meow meow".

Meow, "Meow meow meow meow meow meow meow meow".

Meow meow, "Meow meow meow meow meow meow".

Meow meow, "Meow meow meow meow".

Meow meow meow meow meow meow meow. Meow meow meow meow meow.

Meow meow, "Meow meow meow meow meow meow meow meow".

Meow, "Meow meow meow meow".

Meow, "Meow meow meow meow meow".

Meow meow meow, "Meow meow meow meow meow meow meow".

Meow, "Meow meow meow".

Meow, "Meow meow meow meow meow meow".

Meow meow meow meow meow meow meow meow. Meow meow meow meow meow meow meow meow meow. Meow meow meow meow meow meow meow meow.

Meow meow meow, "Meow meow meow meow meow".

Meow, "Meow meow meow meow meow meow meow meow meow meow meow meow meow".

Meow meow meow, "Meow meow".

Meow, "Meow meow meow meow meow meow".

Meow, "Meow meow meow meow".

Meow meow meow meow. Meow meow meow meow.

Meow meow meow, "Meow meow meow meow meow meow".

Meow meow, "Meow meow meow meow meow meow meow meow".

Meow meow, "Meow meow meow meow".

Meow meow meow meow. Meow meow meow meow meow meow meow meow meow.

Meow meow, "Meow meow meow meow".

Meow meow, "Meow meow meow meow meow".

Meow meow meow, "Meow meow meow meow meow meow".

Meow meow meow meow.

Meow meow meow, "Meow meow meow meow meow".

Meow meow, "Meow meow meow meow meow meow meow".

Meow meow, "Meow meow meow meow meow meow meow".

Meow meow meow meow meow meow meow. Meow meow meow. Meow meow meow meow meow meow meow.

Meow meow meow, "Meow meow meow meow".

Meow meow, "Meow meow meow meow meow meow meow meow".

Meow meow, "Meow meow".

Meow, "Meow meow meow meow meow".

Meow meow meow meow, "Meow meow meow meow".

Meow meow meow meow. Meow meow. Meow meow meow meow meow meow meow.

Meow meow meow meow, "Meow meow meow meow meow meow".

Meow meow meow, "Meow meow meow meow meow meow meow".

Meow meow, "Meow meow meow meow meow meow meow".

Meow meow, "Meow meow meow meow".

Meow meow meow meow, "Meow meow meow".

Meow meow meow, "Meow meow meow".

Meow meow meow meow meow meow meow. Meow meow meow meow meow. Meow meow meow meow. Meow meow meow meow.

Meow meow meow, "Meow meow".

Meow meow meow, "Meow meow meow meow".

Meow meow, "Meow meow meow meow meow".

Meow, "Meow meow meow meow meow meow meow".

Meow meow meow meow meow meow meow meow meow meow. Meow meow meow meow meow meow meow meow meow. Meow meow meow meow meow meow meow meow.

Meow meow meow, "Meow meow meow meow meow".

Meow meow, "Meow meow meow meow".

Meow meow meow, "Meow meow meow meow meow meow meow meow".

Meow meow meow meow meow meow. Meow meow meow meow. Meow meow meow, meow meow meow meow meow meow meow. Meow meow meow meow meow meow, meow meow. Meow meow meow meow meow. Meow meow meow meow meow. Meow meow meow meow, meow meow meow. Meow meow meow meow meow, meow meow meow meow. Meow meow meow meow meow meow meow meow meow, meow meow meow meow meow.

Meow meow meow. Meow meow meow meow meow meow meow meow. Meow meow meow meow, meow meow meow. Meow meow meow. Meow meow meow, meow meow meow. Meow meow meow meow meow meow meow meow, meow meow. Meow meow meow meow, meow.

Meow meow meow meow. Meow meow meow meow meow meow meow. Meow meow meow meow meow meow meow meow meow. Meow meow meow meow meow meow. Meow meow meow meow meow meow meow, meow meow meow meow meow meow. Meow meow meow meow meow meow meow, meow meow meow meow. Meow meow meow meow meow. Meow meow meow, meow meow meow meow meow.

Meow meow meow meow meow. Meow meow meow meow meow meow. Meow meow meow meow meow meow meow. Meow meow meow meow meow meow, meow meow meow. Meow meow meow, meow meow. Meow meow. Meow meow meow. Meow meow meow meow meow meow. Meow meow meow, meow meow meow meow meow meow meow.

Meow meow meow. Meow meow meow meow meow meow
meow. Meow meow meow. Meow meow meow meow meow meow.
Meow meow meow meow, meow meow meow meow meow. Meow
meow, meow meow meow meow meow meow. Meow meow meow meow
meow meow. Meow meow. Meow meow meow meow meow meow
meow meow meow, meow meow. Meow meow meow meow meow
meow meow meow, meow meow meow meow meow. Meow meow
meow meow, meow meow meow.

Meow meow meow meow meow meow meow. Meow meow
meow meow. Meow meow meow, meow meow meow meow meow
meow. Meow meow meow meow meow meow meow meow. Meow
meow. Meow meow meow meow meow, meow meow meow meow.
Meow meow, meow meow meow meow meow meow. Meow meow meow
meow meow meow meow meow meow meow, meow.

Meow meow meow meow meow meow meow. Meow meow
meow meow. Meow meow meow meow, meow meow meow. Meow
meow meow meow meow meow meow meow meow meow. Meow meow
meow meow meow meow meow. Meow meow, meow meow meow meow.
Meow meow meow meow meow, meow meow. Meow meow, meow
meow meow meow meow meow meow meow meow.

Meow meow meow meow meow meow meow. Meow meow
meow meow. Meow meow meow meow meow meow. Meow meow meow
meow meow meow meow. Meow meow meow, meow. Meow meow,
meow meow meow. Meow meow meow meow meow meow meow
meow meow. Meow meow, meow meow meow meow meow meow
meow meow. Meow meow meow meow meow, meow meow meow.
Meow meow meow meow, meow meow meow meow meow meow.

Meow meow meow meow meow meow meow. Meow meow
meow meow. Meow meow meow meow meow meow meow meow meow
meow. Meow meow meow meow meow, meow meow meow meow.
Meow meow meow meow meow. Meow meow meow meow. Meow
meow meow meow meow meow, meow meow meow meow meow. Meow
meow meow, meow meow meow. Meow meow meow meow meow
meow meow, meow meow.

Meow meow meow. Meow meow meow meow meow. Meow
meow meow meow. Meow meow meow meow meow meow. Meow
meow meow meow meow meow meow, meow meow meow. Meow meow
meow meow meow meow meow, meow meow meow. Meow meow
meow meow. Meow meow. Meow meow meow meow. Meow meow

meow meow, meow meow meow meow meow. Meow meow meow, meow meow meow meow meow.

Meow meow meow meow meow. Meow meow meow meow, meow. Meow meow meow meow meow meow meow meow meow meow. Meow meow meow meow meow meow, meow meow meow meow meow meow meow meow meow. Meow meow meow meow meow, meow meow meow meow. Meow meow meow meow, meow meow.

Meow meow meow meow meow meow meow meow meow meow. Meow meow meow meow meow meow meow. Meow meow meow meow meow meow meow meow meow. Meow meow meow meow meow meow, meow meow meow meow. Meow meow meow meow, meow meow. Meow meow meow meow meow meow, meow meow meow.

Meow meow, "Meow meow meow meow meow".

Meow, "Meow meow meow meow meow meow meow meow". Meow meow, meow meow. Meow meow meow meow meow meow meow, meow meow meow.

Meow meow meow meow meow meow meow. Meow meow meow. Meow meow meow meow meow meow meow meow meow meow, meow. Meow meow meow meow meow meow meow meow, meow meow meow meow meow.

Meow, "Meow meow".

Meow meow, "Meow meow".

Meow meow, "Meow meow meow meow meow meow meow meow".

Meow meow, "Meow meow meow meow meow meow meow".

Meow, "Meow meow meow". Meow meow meow meow meow, meow meow meow meow meow meow. Meow meow, meow meow meow.

Meow meow meow meow meow meow meow meow meow meow. Meow meow meow meow. Meow meow meow meow meow meow, meow meow meow meow meow meow meow. Meow meow meow meow meow meow meow, meow meow meow.

Meow meow, "Meow meow meow meow meow".

Meow meow, "Meow meow meow meow". Meow meow meow meow meow meow meow, meow meow meow meow meow meow meow meow. Meow meow meow meow meow, meow meow meow.

Meow meow meow meow meow meow meow. Meow meow meow meow meow, meow. Meow meow meow meow meow meow

meow meow meow, meow meow meow. Meow meow meow meow, meow meow meow.

Meow, "Meow meow meow meow meow meow".

Meow meow meow, "Meow meow meow meow meow meow meow meow meow meow meow meow meow".

Meow, "Meow meow meow meow meow". Meow meow meow meow meow meow meow meow, meow meow. Meow meow meow meow meow, meow meow meow meow. Meow meow meow, meow meow meow meow meow.

Meow meow meow meow. Meow meow meow meow meow meow meow meow. Meow meow meow meow meow meow meow. Meow meow meow meow, meow meow meow meow meow meow meow. Meow meow meow meow meow meow, meow meow meow meow meow.

Meow meow meow, "Meow meow meow".

Meow meow meow, "Meow meow".

Meow meow meow, "Meow meow meow meow meow meow meow meow meow".

Meow meow, "Meow meow meow meow meow meow meow meow meow meow meow".

Meow, "Meow meow meow meow meow meow meow meow meow".

Meow meow, "Meow meow meow".

Meow meow meow, "Meow meow". Meow meow meow, meow meow meow meow.

Meow meow meow meow meow. Meow meow meow. Meow meow meow meow meow meow meow, meow meow meow meow meow meow. Meow meow meow meow, meow meow meow meow meow. Meow meow meow meow meow, meow meow meow meow meow. Meow meow, meow meow meow meow.

Meow meow meow, "Meow meow meow meow". Meow meow meow, meow meow meow. Meow meow meow meow meow meow, meow meow meow meow meow meow meow. Meow meow meow meow, meow meow meow meow meow meow meow. Meow meow meow meow meow meow meow meow, meow meow meow.

Meow meow meow meow meow. Meow meow meow meow. Meow meow meow, meow meow meow. Meow meow meow meow meow, meow meow meow. Meow meow, meow meow meow meow meow meow meow meow meow meow.

Meow meow, "Meow meow meow meow meow meow meow".

Meow meow meow, "Meow meow meow meow meow meow".

Meow meow, "Meow meow meow meow".

Meow meow meow, "Meow meow meow meow meow".

Meow, "Meow meow meow meow meow".

Meow, "Meow meow meow meow meow". Meow meow meow meow, meow meow. Meow meow meow meow meow, meow meow meow. Meow meow, meow meow meow meow meow meow meow meow. Meow meow meow, meow meow meow meow meow meow.

Meow meow meow meow meow meow. Meow meow meow meow. Meow meow meow meow. Meow meow meow meow meow meow. Meow meow meow meow meow, meow meow meow meow. Meow meow meow meow meow meow, meow meow meow meow meow meow meow.

Meow meow meow, "Meow meow meow meow".

Meow, "Meow meow meow meow meow meow".

Meow meow meow, "Meow meow meow meow meow meow meow meow meow".

Meow meow, "Meow meow meow meow".

Meow, "Meow meow meow meow meow meow meow". Meow meow meow meow meow meow, meow meow meow meow meow meow meow meow meow. Meow meow meow meow meow meow, meow meow meow meow meow meow meow.

Meow meow meow meow meow meow meow. Meow meow meow meow meow meow meow, meow meow meow. Meow meow meow meow meow, meow. Meow meow meow, meow meow meow meow meow meow.

Meow meow, "Meow meow meow meow meow meow meow meow meow".

Meow, "Meow meow meow meow".

Meow meow, "Meow meow meow meow".

Meow meow, "Meow meow meow meow meow meow".

Meow meow meow, "Meow meow meow". Meow meow meow meow meow meow, meow meow meow meow meow. Meow meow meow meow meow, meow meow meow meow.

Meow meow meow meow meow meow meow meow. Meow meow meow meow. Meow meow meow, meow meow meow meow.

Meow meow meow meow, meow meow meow meow meow meow meow.

Meow meow, "Meow meow meow".

Meow, "Meow meow meow meow meow".

Meow meow meow meow, "Meow meow meow meow meow meow". Meow meow meow, meow. Meow meow meow meow, meow meow meow meow meow. Meow meow meow meow meow meow meow, meow meow.

Meow meow meow. Meow meow meow meow meow, meow meow meow meow meow meow. Meow meow meow meow meow meow meow, meow meow meow meow meow meow meow meow. Meow meow, meow meow. Meow meow meow meow, meow meow meow meow meow.

Meow meow meow meow, "Meow meow meow meow meow meow meow meow meow".

Meow, "Meow meow meow meow meow meow".

Meow meow meow, "Meow meow meow meow meow meow".

Meow meow, "Meow meow meow meow meow meow meow meow".

Meow meow meow, "Meow meow meow meow meow meow meow meow". Meow meow meow meow meow meow meow meow meow, meow meow meow meow meow meow meow meow. Meow meow meow meow meow meow, meow.

MEOW

Meow meow meow meow meow meow meow meow meow meow meow. Meow meow meow meow meow meow meow, meow meow meow meow meow meow meow. Meow meow meow meow meow meow meow meow, meow meow. Meow meow meow meow, meow meow meow meow meow meow. Meow meow meow meow, meow meow meow. Meow meow meow meow meow meow. Meow meow meow meow. Meow meow meow, meow meow meow meow meow.

Meow meow meow meow meow meow. Meow meow meow meow meow meow. Meow meow meow meow meow meow. Meow meow meow meow meow meow meow meow, meow meow meow meow meow meow meow. Meow meow. Meow meow meow meow. Meow meow meow, meow meow meow.

Meow meow meow meow meow meow meow meow. Meow meow meow meow. Meow meow meow meow meow meow meow meow meow. Meow meow meow meow meow meow meow, meow meow meow. Meow meow meow meow meow meow meow meow meow, meow meow meow meow meow. Meow meow meow meow meow meow meow. Meow meow. Meow meow meow meow meow meow, meow meow meow meow meow meow meow.

Meow meow meow meow meow meow meow meow. Meow meow meow meow meow, meow meow meow. Meow meow meow meow meow, meow meow meow meow meow meow meow. Meow meow meow meow meow meow meow. Meow meow meow

meow meow meow. Meow meow meow meow meow meow meow
meow, meow meow meow meow meow meow meow.

Meow meow meow. Meow meow meow meow, meow meow
meow meow meow meow meow. Meow meow meow meow. Meow
meow meow meow meow meow meow, meow meow meow meow
meow. Meow meow meow meow meow meow meow meow, meow
meow.

Meow meow meow. Meow meow meow meow meow meow
meow. Meow meow meow meow meow meow. Meow meow. Meow
meow meow meow meow, meow meow meow meow meow meow
meow. Meow meow meow meow meow, meow meow meow. Meow
meow meow meow meow meow meow meow. Meow meow meow
meow meow meow meow meow meow meow, meow meow meow meow.
Meow meow meow meow meow meow meow, meow meow meow
meow meow meow. Meow meow meow, meow meow meow meow
meow meow.

Meow meow meow. Meow meow meow meow. Meow meow
meow meow meow. Meow meow meow, meow meow meow meow
meow. Meow meow meow meow meow meow. Meow meow meow.
Meow meow meow meow meow meow meow, meow meow meow
meow. Meow meow, meow meow meow.

Meow meow meow meow. Meow meow meow meow meow
meow meow meow. Meow meow meow meow, meow meow meow
meow meow meow. Meow meow meow meow meow meow meow
meow, meow meow meow meow. Meow meow meow meow meow
meow meow. Meow meow meow meow. Meow meow meow, meow
meow meow meow. Meow meow meow meow meow meow meow,
meow meow meow. Meow meow meow meow meow meow meow,
meow meow.

Meow meow meow meow meow meow meow meow. Meow
meow meow meow meow meow meow meow meow meow. Meow
meow meow meow, meow meow meow meow meow meow. Meow
meow meow meow. Meow meow meow meow meow meow, meow
meow meow meow. Meow meow meow meow, meow meow meow
meow meow meow meow.

Meow meow meow meow. Meow meow meow meow meow.
Meow meow meow meow meow meow meow, meow meow meow
meow meow meow meow. Meow meow meow meow meow meow,
meow meow meow meow. Meow meow meow meow meow meow
meow meow meow meow, meow meow. Meow meow meow meow

meow meow meow meow. Meow meow meow meow meow meow.
Meow meow meow meow meow, meow meow meow meow meow.

Meow meow meow meow. Meow meow meow meow meow
meow. Meow meow meow, meow meow meow meow meow meow
meow. Meow meow meow meow meow meow meow meow meow.
Meow meow meow meow meow meow. Meow meow meow meow
meow. Meow meow meow, meow meow. Meow meow, meow meow
meow. Meow meow meow, meow meow meow meow meow meow
meow meow meow.

Meow meow meow meow. Meow meow meow meow meow
meow meow meow meow meow meow meow. Meow meow meow meow
meow meow meow. Meow meow meow meow. Meow meow meow,
meow meow meow meow. Meow meow meow meow meow meow
meow meow meow meow, meow meow meow meow meow meow
meow meow. Meow meow meow, meow meow meow meow meow
meow meow. Meow meow meow meow meow meow meow meow.
Meow meow meow meow meow, meow meow meow meow. Meow
meow meow meow meow, meow meow. Meow meow meow meow
meow, meow meow meow meow meow meow meow.

Meow meow meow meow meow meow meow. Meow meow
meow meow meow meow. Meow meow meow meow meow meow,
meow meow. Meow meow meow meow meow meow meow, meow
meow meow. Meow meow meow meow meow, meow meow meow
meow. Meow meow meow, meow meow meow meow. Meow meow
meow meow meow meow. Meow meow meow meow meow meow
meow. Meow meow meow meow meow. Meow meow meow meow
meow meow meow meow meow meow meow meow. Meow meow,
meow meow meow meow meow meow meow meow. Meow meow
meow meow, meow meow meow. Meow meow meow meow meow
meow, meow. Meow meow meow, meow.

Meow meow meow meow meow meow. Meow meow meow
meow meow meow meow meow meow, meow meow meow meow. Meow
meow meow meow. Meow meow. Meow meow meow, meow meow
meow. Meow meow meow meow meow, meow meow meow.

Meow meow meow meow meow. Meow meow meow meow
meow meow meow. Meow meow meow meow meow meow, meow
meow meow meow. Meow meow meow meow meow, meow meow.
Meow meow meow meow, meow meow meow. Meow meow meow
meow meow, meow meow. Meow meow. Meow meow meow meow
meow meow meow meow meow. Meow meow meow meow, meow

meow meow meow. Meow meow meow meow, meow meow meow meow meow meow meow. Meow meow meow meow meow, meow meow meow meow meow.

Meow meow meow meow meow. Meow meow meow meow meow, meow meow meow meow meow meow. Meow meow meow meow meow. Meow meow meow meow meow meow meow meow meow meow. Meow meow meow meow meow meow meow. Meow meow meow meow, meow meow.

Meow meow meow meow. Meow meow meow. Meow meow meow meow meow meow, meow meow meow meow meow meow. Meow meow, meow meow meow meow. Meow meow meow meow meow meow meow meow. Meow meow meow meow meow. Meow meow meow meow meow meow meow meow. Meow meow meow meow meow. Meow meow meow meow, meow meow meow meow meow meow meow meow meow. Meow meow meow meow meow meow meow meow meow meow, meow meow meow meow meow. Meow meow meow meow meow meow, meow meow meow meow meow.

Meow meow meow meow meow meow meow. Meow meow meow meow. Meow meow meow meow meow meow meow meow meow meow. Meow meow meow meow meow meow meow meow, meow meow meow meow. Meow meow meow meow meow, meow meow meow meow meow. Meow meow meow. Meow meow meow. Meow meow meow meow meow meow meow. Meow meow meow meow meow. Meow meow meow meow meow meow meow, meow. Meow meow meow meow, meow meow meow.

Meow meow meow meow meow. Meow meow meow meow meow meow meow, meow meow meow. Meow meow meow meow meow meow, meow. Meow meow meow meow. Meow meow meow meow. Meow meow, meow meow meow meow. Meow meow meow meow meow meow, meow meow meow meow meow meow. Meow meow meow meow meow meow meow, meow meow meow meow.

Meow meow meow meow. Meow meow meow meow meow meow meow meow, meow. Meow meow meow meow meow meow. Meow meow meow meow meow meow meow. Meow meow meow meow meow. Meow meow meow meow meow, meow meow meow meow meow meow meow meow meow.

Meow meow meow. Meow meow meow. Meow meow meow meow, meow meow meow meow meow meow meow. Meow meow meow meow meow, meow meow meow meow. Meow meow meow meow

meow meow. Meow meow meow meow meow meow, meow meow meow meow meow meow meow.

Meow meow meow meow meow meow meow meow. Meow meow meow meow meow. Meow meow meow meow meow.

Meow meow meow, "Meow meow meow meow meow".

Meow meow, "Meow meow meow meow".

Meow meow meow meow, "Meow meow meow".

Meow, "Meow meow meow meow meow meow".

Meow meow, "Meow meow meow meow".

Meow, "Meow meow meow".

Meow, "Meow meow meow meow meow".

Meow meow meow meow meow. Meow meow meow meow meow meow meow meow. Meow meow meow meow.

Meow, "Meow meow meow meow meow".

Meow, "Meow meow meow meow".

Meow meow meow meow meow meow.

Meow meow meow, "Meow meow meow".

Meow, "Meow meow meow".

Meow meow, "Meow meow meow meow meow meow meow meow".

Meow meow, "Meow meow meow".

Meow meow meow meow, "Meow meow meow meow meow meow meow meow meow".

Meow meow meow meow meow meow meow. Meow meow meow meow meow meow. Meow meow meow meow meow meow meow meow meow. Meow meow meow meow.

Meow meow meow meow, "Meow meow meow meow".

Meow, "Meow meow meow meow".

Meow meow, "Meow meow meow meow meow meow".

Meow meow, "Meow meow meow meow meow".

Meow meow meow meow meow. Meow meow meow meow. Meow meow meow meow meow.

Meow meow meow meow, "Meow meow meow meow meow meow".

Meow meow, "Meow meow meow meow".

Meow, "Meow meow meow meow meow".

Meow meow, "Meow meow meow meow meow meow meow".

Meow meow meow meow meow.

Meow meow, "Meow meow meow meow meow meow meow".

Meow meow meow, "Meow meow meow meow meow".

Meow meow meow meow meow meow meow.

Meow meow meow, "Meow meow meow".

Meow meow meow meow meow. Meow meow meow meow meow meow. Meow meow meow meow meow meow meow.

Meow, "Meow meow".

Meow meow, "Meow meow meow meow meow meow meow meow".

Meow, "Meow meow meow".

Meow meow meow meow, "Meow meow meow meow".

Meow meow meow, "Meow meow meow meow meow meow meow meow".

Meow meow meow, "Meow meow meow meow meow meow meow".

Meow meow, "Meow meow meow".

Meow, "Meow meow meow meow meow meow meow meow meow meow".

Meow meow meow meow meow meow. Meow meow meow meow meow meow meow meow. Meow meow meow meow meow meow meow meow meow meow.

Meow, "Meow meow meow".

Meow meow, "Meow meow meow".

Meow meow meow, "Meow meow meow meow meow meow".

Meow meow meow, "Meow meow meow".

Meow meow meow, "Meow meow meow meow meow meow".

Meow meow meow meow. Meow meow meow meow meow. Meow meow meow meow meow.

Meow meow meow meow, "Meow meow".

Meow meow, "Meow meow meow meow meow".

Meow meow meow, "Meow meow meow meow meow".

Meow meow, "Meow meow meow meow".

Meow meow, "Meow meow meow meow meow meow meow".

Meow meow meow, "Meow meow meow meow meow meow".

Meow meow meow, "Meow meow meow".

Meow meow meow meow, "Meow meow meow meow meow".

Meow meow meow meow meow meow meow. Meow meow meow meow meow meow meow meow. Meow meow meow meow meow meow. Meow meow meow meow meow meow, meow meow meow meow meow meow. Meow meow meow meow meow meow, meow meow meow meow. Meow meow meow meow. Meow meow meow meow meow meow. Meow meow meow, meow.

Meow meow meow meow meow meow meow. Meow meow meow meow meow meow meow meow meow meow meow. Meow meow meow meow meow meow meow meow meow. Meow meow meow meow meow. Meow meow meow meow meow meow, meow meow meow meow. Meow meow meow meow meow meow meow. Meow meow meow meow. Meow meow meow meow meow. Meow meow meow meow, meow meow meow meow. Meow meow meow, meow meow meow meow meow meow meow. Meow meow meow meow meow meow meow, meow meow meow meow meow meow meow meow. Meow meow meow meow meow meow. Meow meow meow, meow.

Meow meow meow meow meow meow meow meow meow. Meow meow meow meow meow meow meow meow. Meow meow meow meow meow meow meow meow meow, meow meow meow meow meow. Meow meow meow meow, meow meow meow. Meow meow meow. Meow meow meow meow meow meow meow meow. Meow meow meow meow meow meow. Meow meow meow meow meow, meow meow meow meow meow meow.

Meow meow meow meow meow meow. Meow meow meow meow. Meow meow meow meow meow meow, meow. Meow meow meow meow meow meow meow, meow. Meow meow meow meow meow meow meow. Meow meow meow. Meow meow meow meow meow, meow meow meow meow. Meow meow meow meow meow, meow meow meow meow. Meow meow meow meow, meow meow meow meow. Meow meow meow meow meow, meow meow meow meow.

Meow meow meow meow meow meow. Meow meow meow. Meow meow meow meow meow meow meow. Meow meow meow meow meow, meow meow meow meow. Meow meow, meow meow meow meow meow meow meow. Meow meow meow meow. Meow meow meow meow meow meow, meow meow meow meow

meow meow meow meow. Meow meow meow meow meow, meow meow meow.

Meow meow meow meow meow meow meow meow meow meow meow meow. Meow meow meow meow meow meow meow meow. Meow meow meow meow meow meow, meow meow meow meow meow meow meow. Meow meow, meow meow meow meow meow meow. Meow meow meow meow meow meow meow. Meow meow meow meow meow meow. Meow meow meow meow meow meow meow meow meow. Meow meow meow meow meow. Meow meow meow meow meow, meow meow meow meow meow meow. Meow meow meow meow meow meow meow, meow meow meow.

Meow meow meow meow meow meow meow meow. Meow meow meow. Meow meow meow meow. Meow meow meow meow meow meow meow, meow meow meow meow meow meow meow meow. Meow meow meow meow meow meow meow, meow. Meow meow meow meow meow. Meow meow meow meow, meow meow meow. Meow meow meow meow meow, meow. Meow meow meow meow meow meow, meow meow meow.

Meow meow meow meow meow. Meow meow meow meow meow meow meow meow meow. Meow meow meow meow meow meow, meow meow meow meow meow meow. Meow meow meow meow meow, meow meow. Meow meow meow meow meow meow meow meow. Meow meow meow meow meow meow meow meow meow. Meow meow meow meow, meow meow meow. Meow meow meow meow meow, meow.

Meow meow meow meow meow meow. Meow meow meow meow. Meow meow meow. Meow meow, meow meow meow meow meow. Meow meow meow meow meow, meow meow meow. Meow meow meow meow meow. Meow meow meow meow meow meow meow meow meow meow meow meow meow, meow meow meow.

Meow meow meow. Meow meow. Meow meow meow meow meow, meow meow meow meow meow. Meow meow meow meow meow. Meow meow meow. Meow meow meow meow, meow meow meow meow meow meow. Meow meow meow meow meow, meow meow meow. Meow meow meow meow meow meow meow, meow.

Meow meow meow meow meow meow meow. Meow meow meow meow meow meow meow meow. Meow meow meow. Meow meow meow meow meow meow meow, meow meow meow meow. Meow meow meow meow meow, meow meow meow meow meow

meow. Meow meow meow meow meow. Meow meow meow meow
meow. Meow meow meow, meow meow meow.

Meow meow meow. Meow meow meow meow, meow meow
meow meow. Meow meow meow meow, meow meow meow meow
meow. Meow meow meow meow meow meow, meow. Meow meow
meow meow meow, meow meow meow meow meow. Meow meow
meow. Meow meow meow. Meow meow meow meow meow. Meow
meow meow meow meow meow meow meow, meow meow. Meow
meow meow meow meow, meow meow meow meow meow meow
meow. Meow meow meow meow meow meow meow, meow meow.
Meow meow meow, meow meow.

Meow meow. Meow meow meow meow meow meow meow
meow meow, meow meow meow meow. Meow meow meow meow
meow meow meow, meow meow meow. Meow meow meow meow.
Meow meow meow meow meow meow, meow meow meow. Meow
meow meow, meow meow.

Meow meow meow meow. Meow meow meow meow meow
meow, meow meow. Meow meow meow meow meow meow, meow
meow meow. Meow meow meow meow meow meow meow meow.
Meow meow meow meow meow meow meow meow. Meow meow
meow. Meow meow meow meow meow meow meow meow, meow
meow meow meow. Meow meow meow meow meow meow, meow
meow meow meow.

Meow meow. Meow meow, meow meow meow. Meow
meow meow meow meow meow. Meow meow meow meow, meow
meow meow. Meow meow meow, meow meow. Meow meow meow
meow meow meow meow, meow meow meow meow meow.

Meow meow meow meow meow meow meow meow. Meow
meow meow meow meow meow. Meow meow meow meow meow
meow meow meow meow meow meow meow. Meow meow meow.
Meow meow, meow meow meow meow meow. Meow meow meow
meow meow, meow meow meow. Meow meow meow meow meow
meow meow meow. Meow meow meow meow meow meow, meow
meow. Meow meow meow meow, meow meow meow meow. Meow
meow meow meow meow meow, meow meow.

Meow meow meow meow meow meow meow. Meow meow
meow, meow meow meow meow meow meow. Meow meow meow meow
meow meow. Meow meow meow. Meow meow meow meow meow
meow meow. Meow meow meow, meow meow meow meow.

Meow meow meow meow meow meow meow. Meow meow
meow meow meow meow. Meow meow meow meow meow. Meow
meow, meow meow meow meow meow. Meow meow meow meow
meow meow meow, meow meow meow meow meow. Meow meow.
Meow meow meow meow. Meow meow meow meow meow meow
meow meow. Meow meow meow meow, meow meow. Meow meow
meow, meow meow meow meow.

Meow meow meow meow meow meow meow meow meow
meow. Meow meow meow meow meow meow, meow meow. Meow
meow, meow meow meow meow. Meow meow meow meow
meow meow. Meow meow meow, meow meow meow meow meow
meow. Meow meow meow meow, meow meow meow meow meow
meow. Meow meow meow meow meow, meow meow meow meow.

Meow meow meow. Meow meow meow meow meow meow
meow. Meow meow meow meow, meow meow meow. Meow meow
meow meow meow, meow meow meow meow. Meow meow meow
meow meow meow meow. Meow meow meow meow meow meow
meow. Meow meow meow meow meow meow meow meow, meow
meow meow meow meow meow. Meow meow meow meow meow
meow meow, meow meow meow meow. Meow meow, meow meow
meow meow meow meow meow. Meow meow meow meow meow
meow meow meow meow meow, meow meow meow meow meow.

Meow meow meow meow.

Meow, "MEEEEEOOOOOOW MEEEOOOOOWW MEEEEEEOOOOWW
MMEEOOOOOWW MMEEOOWWWW".

Meow, "MEEEEEOOOW MMMEEEEOOOOWWWW MMEEEOWWW".

Meow meow meow meow meow meow meow meow. Meow
meow meow meow meow meow meow meow.

Meow meow, "MMEEEEEOOOOOOWWWWWWW MEEEOOOWW
MEEEOOOOOWWW MMEEEEEOWWWWWW MMMEEOWWWWW
MEEEEEOOOOOOWW".

Meow meow meow, "MMEEEEOOOOWWWW".

Meow meow, "MMEEOOOOWWWW MMEEEEEOOWW
MMEEOOOOOWWWW MMEEEEOOWWWW MEOOOW".

Meow meow meow meow meow meow meow. Meow meow
meow meow meow meow meow. Meow meow meow meow meow
meow meow meow meow meow.

Meow, "MMEEOOOOOWWW".

Meow meow, "MMMEEEEEEEEEOOWWWWWW MMEEEOW
MMEEOOOOW".

Meow meow meow, "MMEEEEEOWWW MMMEEEOOOOWWWW MMEEEOOOOWWW".

Meow meow, "MMMMEEEEEEEOOOOOWWW MMEEEEEEEOOOWW MMEEEEEOOOOWWWW MEEEOOWWWW".

Meow meow, "MMEOOOWWWW MEOOOWWWWW MEEEEEOOOOWWWW".

Meow meow meow meow meow meow. Meow meow meow meow.

Meow meow, "MMEEEEEOOOOWWWWW MMEEOOOOOWWW MEOOOOWWWW MEEEEEOOOWWW MMMEOOWWWW".

Meow meow, "MMEEEOOOWWWWW MEEEOOOW MEEEEEEOOOOOOW MEEEOOOOOWWWW MMMEEEEEEOOOOW".

Meow meow meow meow meow meow meow meow meow meow meow. Meow meow meow meow meow.

Meow meow, "MMMMMEEEEOOOOOOOWW MEEEOOWWWW MEEEOOOWWW MMMEEEEEEOOOWW".

Meow meow, "MEEEEOOOOOOWWW MMEEOOWWWW MMEEEEEEOOOOOOWW MMEEEEEEEOOOWWWW".

Meow meow meow meow meow meow meow. Meow meow meow meow.

Meow meow meow, "MEEEEOOOOOWWWW MMMEEEOOOWWW MMEOOOOOW MEEEOOOOOOOOWWWWW".

Meow meow meow, "MMEEOOOOOWWWW MMEEEOOOOWWW MEEEEOOOOOOWW MMEEEEOOOOOOOWWWW MMEEOOWWW MMMEEOOOOWW".

Meow meow meow meow meow meow meow meow meow meow meow meow meow.

Meow meow, "MEEOOW MMMEEEOOOOOWWWWWW MEEEEEOOOOOOWWWWWW MMEEEOOOOOWWWWWWWW".

Meow meow, "MEEEEEOOOWWW".

Meow meow meow meow, "MEEEEOOOWWWW MEEEEEOOOOOOWW MEEOOOOWW MMMEEEEEEOOOOWWWW MMMMEEOOOWWW".

Meow meow meow, "MMEEOW MMMEEEEEOOOWWW MMMEOOOOOWW".

Meow meow meow, "MMMEEOOOOWWWW MMMEEEOOOOWWWW MEEEEEEOOOOOWW MMMMEEEEEEOOOOOWWW MMEEEOOOOOWWWWW".

Meow meow meow meow, "MEEEOOOWWWWW MMMEEEOWW MMEEOOOOOOW".

102

Meow meow, "MMMEEOOWWWW MMEEEOOOWWWW MMEEEOOOOOOWWWWW".

Meow meow, "MMEEEEOOOWWW MMEEEEOOOOWWWWW MMMEOOOOWWW".

Meow meow meow, "MMEEOOOOOW MEEEEEOWW MMMMEEEEOOOWW MEEOOW MMEEEOWW MMEEEOWWW MMEEEEEEEOOOWW".

Meow meow meow meow meow meow meow meow.

Meow, "MMEEEEEOOOWW MMMEEEOWWWWWW MEEOOOOWWWW MEEEEEOOOOWW MMEEEEOOWWW MMEEOOWWW MMEEEEEEOOOOOOOOWW MMMMEEOOWWW".

Meow meow meow meow meow. Meow meow meow meow meow meow meow.

Meow meow meow, "MMMEEEOOOOOWWWW MMMMEEEEOOOWWWW MMEEEEEEOOOWWWWWW MEOOOOOWWWWW MEEEEEEOOOOOOWW MMEEEEOOOWWW MMEOOWWWWW".

Meow meow meow, "MEEEOOOOOOWWWWW".

Meow meow meow meow meow.

Meow meow, "MEEEEOOOOW MMMMEEEEEOOOOOOWWW MMEEEEEOOW MEEEEOOWWWWW MMEEOOOOOOOOWW MEEEEOOWW".

Meow meow meow, "MMMEEEEOOOOOOOWWW MEEEEEOOWW MMEEEEOOOOOOOWWW MMMMMEOOOOOWWWW".

Meow, "MMEEEEEOOOOOWWWWWW MMEEEEEOOOWWWWW MEOOWWW MMEEEEEOOOWWWW MEOOWWW".

Meow meow, "MMMEEOOWW MMMEEOOOOOWWWW MMMEOOOOWWW MMEEEEOWWW".

Meow meow meow meow, "MMMEEOOOOWWWWWW MMMEEEEOOOOOWW MEEEEOOOOWWW MEEEEOOOOOWW MMMMEEEEOOWWWW MEEEOOOOOWWWWW MEEEEOOWWW MEEEOOOOOOWWWW".

Meow meow, "MMEOOOWWW MEEEOOOOOWWWW MEEEEOOOW MMMEOOOOOWW MMMMEEEOOOOWWWW".

Meow, "MMEEOOOWWWW MMEEEEEEEOOOOOOOW MEEEEEEOOWW".

Meow meow meow, "MMEEOOOOOOOWWWW MMEEOOWW MMMEEEEEEOOOW".

Meow meow meow meow meow meow. Meow meow meow meow meow meow meow meow.

Meow meow, "MEEOOOOWW MMEOOOOOWWWW MMMEEEEOOWWW MEOOOOOWW MMEEOOOOOOWWWWW".

103

Meow meow, "MMEEEEOWWW MMMMEEEOOOOOWW".

Meow meow, "MMEOOOWWWW MMEEOOOOWWWWWW MMMEEEOWWW MMEEEEEOOOOOOWWWWW MMMEEEEEEOOOOW".

Meow meow meow, "MEEOOOOOW MEEOOWWW".

Meow meow meow meow.

Meow meow meow meow, "MMEEEEOOOOWWWW MMEEEOOWW MMMEEOOWWW MEEEOOWWW MEEEOOOOOOOOWWWWW".

Meow, "MEEEEEEOOOWWWWWW MMEEEOWW MEEEEEEOOW MMEEEOOOWWWWW MMMMEEEOOOWWWWW".

Meow meow meow, "MEEEEEOOOWWWWW MEEEEOOOWWWW EEEOOOOWWWW MMMEEEEOOOOOOOWW MEOOOOWW".

Meow meow meow, "MEOOOOWW MMEEOOOOOOWWW MEEEOOWWWW MEEEEEEEOOWWW MEEEOOOOWW MEEEEEOOOOWW".

Meow meow, "MMEEEEOOOWWW MEEOOOOWWWWWW MMEEEEEEEOOOOOOOOWWW".

Meow, "MMEEEEEOWW MMEOOWWWW MMEEEOOWWWWWWW MEOOOOOWWW".

Meow meow meow.

Meow meow meow, "MEEEEOOOOOWWWW MEEEEEEOOOOOWWWWWW".

Meow meow, "MMMEEEEEOOOWWWWWWW MEOOOOWW MMMEEEEEEOOOWWWWWWW MEEEOOWWWW".

Meow meow, "MEEEOOOWWWWW MEEEEOOOW MMEEOOWWWWW MMEEEEEOOOOW MMEEEEOOOOOWWW EEEOOWWWWW MEEEOOOWW".

Meow meow, "MMMMEEEEEEOOWWWW".

Meow meow, "MEEEEEEEOOOOWWW MMEEEOOOWWWWW MMEEEEOOOOWWWWW".

Meow meow meow, "MEEEEEEOOOOOWWWWW MMEEEEEEEOOWWWWW MEEEOOOOWWWWW MMEEEEEEEOOOOOWWWWW MMMEEOOOOOOWWWW MEOOOWWW MMMMMEEEEOWWW MMMMEEEEOOOOW".

Meow meow meow meow, "MEEEEOOOOWWWWW MMMEEOWWW MMEOOOWWWW MMEEEEEOOOOOWWW MEEEEEEOOWWWW".

Meow, "MMMMEEEOOWWW MEEEEEEOOOOOOOOWWWWW MEEEEEOOOOWWWWW".

Meow meow meow meow. Meow meow meow.

Meow meow meow meow, "MEEEOOOWWW MEOOOOOWWW MMMEEOOOWWW".

Meow meow meow, "MMMMEEOOOWWWWW MMMMEEEEOOWW MEEEEEOOOOOWWWWWW MMMEEOOOW MMEEOOWW".

Meow, "MMEEEEEEEOWWWWWWW MEEEEEEOOWWWWW MMEOOWW MMEEEEOOOOOWWWW".

Meow meow, "MMEEEEEEOOOWWWW MMMMEOOOWW MMMEEOOOOWWWWWW MEEEEEOOWWWW MMMEEEEOOOOWWWWWWW".

Meow, "MMMMEEEEOOWWWWWWW MEOOWWW MEEEEOOOOOOOWWW".

Meow meow meow meow meow meow meow meow. Meow meow meow meow meow. Meow meow meow, meow meow meow meow. Meow meow meow meow meow meow meow meow meow, meow meow meow meow meow. Meow meow meow meow meow. Meow meow meow meow, meow meow. Meow meow meow meow meow meow, meow. Meow meow meow meow meow meow, meow meow meow meow meow meow meow. Meow meow meow, meow meow meow.

Meow meow meow meow meow meow meow meow. Meow meow meow meow meow meow. Meow meow meow meow meow meow meow, meow meow meow meow meow. Meow meow meow meow, meow meow meow. Meow meow meow, meow meow meow meow meow meow meow meow meow. Meow meow meow meow meow. Meow meow meow meow meow. Meow meow meow meow meow, meow meow meow meow meow.

Meow meow meow meow. Meow meow. Meow meow meow, meow meow meow meow meow meow. Meow meow meow meow meow, meow meow meow meow meow meow meow. Meow meow meow meow meow meow. Meow meow meow meow meow meow. Meow meow meow meow meow, meow meow meow meow meow meow meow. Meow meow meow meow meow meow meow meow meow, meow meow meow meow meow meow meow meow.

Meow meow meow meow meow meow meow. Meow meow meow meow, meow meow meow meow meow. Meow meow meow meow meow, meow meow meow meow meow meow meow. Meow meow meow. Meow meow meow meow meow, meow meow meow meow meow meow. Meow meow meow meow meow, meow meow meow.

Meow meow meow meow meow meow. Meow meow meow meow. Meow meow meow meow meow meow meow, meow meow. Meow meow, meow meow meow meow meow meow meow meow meow. Meow meow meow meow. Meow meow meow meow meow meow meow. Meow meow meow meow, meow meow meow meow.

Meow meow meow meow meow meow meow meow meow meow meow. Meow meow meow meow meow meow meow meow meow.

105

Meow meow meow meow, meow meow meow. Meow meow meow
meow meow meow meow, meow meow meow meow. Meow meow
meow meow, meow meow meow. Meow meow meow. Meow meow
meow. Meow meow meow meow meow meow meow meow meow.
Meow meow meow meow meow meow. Meow meow meow meow
meow meow meow meow meow, meow meow meow meow meow
meow meow. Meow meow meow meow meow, meow meow meow
meow. Meow meow meow, meow meow meow meow meow meow
meow meow meow.

Meow meow meow meow meow meow. Meow meow meow.
Meow meow meow, meow meow meow meow meow. Meow meow,
meow meow meow meow meow meow meow. Meow meow meow.
Meow meow meow meow meow meow meow, meow meow meow.
Meow meow meow meow meow meow meow, meow meow meow
meow meow meow meow.

Meow meow meow meow meow meow. Meow meow meow
meow. Meow meow meow meow meow meow meow meow meow
meow. Meow meow meow meow meow meow meow meow meow
meow meow. Meow meow meow meow meow, meow meow meow
meow meow meow meow. Meow meow meow, meow meow meow
meow meow. Meow meow meow meow meow meow meow, meow
meow meow meow meow. Meow meow meow meow meow meow
meow. Meow meow meow meow meow meow meow. Meow meow
meow meow meow meow meow, meow meow meow.

Meow meow meow meow meow meow meow meow meow
meow meow. Meow meow meow meow meow meow meow, meow meow
meow meow meow meow meow meow. Meow meow meow meow meow.
Meow meow. Meow meow meow meow meow, meow meow meow.
Meow meow meow meow meow, meow meow.

Meow meow meow meow meow meow meow meow. Meow
meow meow meow meow. Meow meow meow meow meow, meow meow
meow meow meow meow meow. Meow meow meow. Meow meow
meow meow meow meow meow meow meow. Meow meow meow,
meow meow meow meow meow meow meow meow. Meow meow meow
meow meow meow meow, meow meow meow meow meow meow
meow. Meow meow, meow meow meow meow.

Meow meow meow meow. Meow meow meow meow meow
meow meow meow. Meow meow meow meow meow meow meow
meow. Meow meow, meow meow meow meow meow meow meow
meow. Meow meow meow meow meow meow meow meow meow

meow, meow. Meow meow meow meow meow meow meow, meow
meow meow meow. Meow meow meow meow meow. Meow meow
meow meow meow. Meow meow meow meow meow meow meow,
meow meow meow meow. Meow meow meow meow meow meow
meow, meow meow meow meow.

Meow meow meow meow. Meow meow meow meow. Meow
meow, meow meow meow. Meow meow meow meow meow. Meow
meow meow meow. Meow meow meow meow meow, meow meow.

Meow meow meow meow meow meow meow meow. Meow
meow meow meow meow meow meow meow meow meow. Meow meow
meow meow meow meow. Meow meow meow meow meow, meow.
Meow meow meow meow meow. Meow meow meow meow meow
meow meow. Meow meow meow meow meow meow. Meow meow
meow meow meow, meow meow meow meow meow meow.

Meow meow meow meow.

Meow meow, "MEOOOWW MMEEEOOWWWWWWW MEOOOOW
MMEEEOOWWWWW".

Meow meow, "MEEOOOWWWWWW MEEEEOOOOOOWW
MEEEEEOOOWWWW MMMEEEEOOOOOOWWWW MMEEEEEOOWWW
MMMEOWWWW".

Meow meow, "MMEEEOOOOWWWWWW MMEEOOOWWWW
MEEOOOOOWWWW MEEEEEOOWWWW".

Meow meow meow meow meow meow. Meow meow meow.
Meow, "MEEOOOOOWWWW MEEOOOOOWWWW MEEEOOW
MEEEEEOOOWWWW MEEEEOOOWWWWW".

Meow meow, "MMEEEEEOOWW MMEEEOOOOOOWWWWW
MMMEEEOOOOOWWWW".

Meow, "MEEOOOOOOWWWW MEOOWWW MEOOOWWW".

Meow, "MEEEEOOWWWW MMEEOOOOOWW
MMEEEEEOOOOWWWWWW MMMEEOOOOWWWWWWW MMEEEEOWWW
MMMEEEOOOOWWWWWW".

Meow meow meow meow. Meow meow meow meow meow
meow meow meow. Meow meow meow meow meow meow meow
meow meow meow.

Meow meow, "MMEEOOOOOWWW MEOOOOOOWW
MMEEEOOOOWWW MMEEEEEOOWWWW".

Meow meow meow, "MEEEEEOOOOW MEEEOOOOOWWWW
MEEEOOWWWWWWW".

Meow, "MMMMEEEEEEEOOOWWW MMEEOOWWWW
MEEEEEOOOOOWWW MEEEOOOWW MEEEOOOOWW".

Meow meow meow meow.

Meow, "MMEEEEEEOOOOOOOW MEEEEEOOOOWWW MEEEEOOWWWWW MEEOOWWW MEEEEOOWWWW".

Meow meow meow, "MMEEEEOOOWWWW MMEEEOOOWWWW MMEEEOOOOWWWWW".

Meow meow, "MEEEEEOOOOOOWWW MEEEEOOOOOWW MMMEEEOOOWWWWW MEEEOOOWWW MMEOOOOWWW MEEEEOOOOOOOWWW MEEEEOOWW".

Meow meow meow meow meow meow meow. Meow meow meow meow meow meow meow meow.

Meow meow meow, "MEEEEOOOOOOWWWWW MMEEEEEOOOOW MMEEEEEEOOOOOWWWW MMMEEEEOOOWWW MMMEEEOOWWWWW MEEOOOOWWWW".

Meow meow, "MEEOOOOWWW MMEEEEOOOWWWWW MEEEEEOOOOOWWW".

Meow meow, "MMEEEEEOOOOWWWW MMMEEEEEEEEOOOOOWW MMMMEEOOW MMMEEEOOOOOOWWW MMEEOOWW MMMMEEEOOOOOOOOOWWWWW MEEEEEEOOOWWWWWW".

Meow meow, "MMMEEEOOOOOWWWW MMMEEEEOOWW MMMEOOW MMMMEEOOWWWW".

Meow meow, "MEEOOWWWWW MEEEEEOOOWWW MMEEEEEEEOOOOWWWW MEEEEOOOWWW MEEEEEEOOW EEEEOOOOOWWW MMEEEEEOOOOOOOWWWW".

Meow meow, "MMEOWWWWW MMMEEEEEOOWWWWWWW MMEEEEEEOOOWWWWWW MMMEEOOOW MMEEEEEEOOWWW".

Meow meow, "MMMEEEEOOOOWWWWWW MEEEEOOOOWWWW MMMMMEEEEEOOWW MEEEEOOOOWWW MMEEOOOOWW".

Meow, "MEEEOOOOOWWWWWWW MMEEEEEEEOOWW MMEEOOOOOWWW MMEEEOOOOWWWWW MMEEEOOOW".

Meow meow meow, "MMMMMEEEEOOOOOWWWWWWWW MMEEEEEOOOOOWWW MMEEEOOOOOOW MEEEOOWW MMMEOOOOOWW".

Meow meow meow meow meow.

Meow meow meow, "MEEEEEEEOOOOW MMEEEEEEOWWW MEEEEOWWWW MEEOOOWWWWWW".

Meow meow meow meow. Meow meow meow. Meow meow meow meow meow meow.

Meow, "MEEEOOOWWW MMEEEOOOWWW MEEOWWWWWW MEEEEEEEOOWWWWW MEEEEOOOWWWWW MMMEEEEEEEOW MEEEEEOOOOOWW".

108

Meow meow, "MEEEEOOWWWWWW MEEEOOOWWW MMMEEEEEEOOOOWWW MEEEOOOOOWW".

Meow meow meow meow, "MMMEEOOOOW MEEEOOOOOOOWW MMEEEEEEOOWWWW".

Meow meow, "MMMEEEEOOOOWW MEOOOOOWW".

Meow meow. Meow meow meow meow.

Meow meow meow, "MEEEOOOOOWWWW MMEOOOOWWWW MEEEOWWWWWWW MEEEEEEOOOWW MMEEEEEEOOOWWWW MEEOOOOWWWWWW MMMEEEOOOWWWWW MMMEEEEOOOOWWWWW".

Meow meow, "MEEOOW MEEOOOOOOWWWW MMEEEEOOWWWWW MMMMEEEOOOWWWW".

Meow meow, "MMEEEOOOOWWWWWW".

Meow meow meow meow meow meow. Meow meow meow meow.

Meow meow meow, "MEEEEOOOOOWWWWW MMMEEOOOWWWWW MMMEEEOOWWWW MEEOW MMEEEEEEEEOOOOOWWW MEEEEOOOWWW MMMEEEEEOOOOOOOOWWWWWW".

Meow meow meow meow.

Meow, "MMMEEEEOOOOWWW MMEEEEEOOOOOWWWWW".

Meow, "MEEEEEEEOOW MEEEEEEOWWWW MEEOOOWWW MEEEEOW MMEOOOWWWW".

Meow, "MEEEEEOOOWWWWW MMMEEEOOWWW MMEEEEEEEOOOOOOWWWW".

Meow, "MMEEEOOOOOOWWW MMMMEEEEEOOOOOOOWWWWW MMEEEEEOOWW MEEEEOOWWWW MMEOOOWWWW MMEEEEEEEEOOOWWWWWW MEOOOWWWW MMMEEEOOOOOWWWW".

Meow meow meow meow. Meow meow meow meow meow meow meow meow.

Meow meow, "MEEEEEEEEOOOWWWWW MEEOOOOWWWW".

Meow meow, "MMEEEEEOOOOWWW MEEEEEEOOOWWW MMEOOOOOOOOOWWW".

Meow meow meow, "MEEEOOOWWWW MMMEEEEEEOOOOW MMMEEEEEEEEOOOW MMMMEEEEEOOOOWWWWWW MMEEEEOOWWWW".

Meow meow. Meow meow meow meow meow meow.

Meow meow meow meow, "MEEEOOOWWW MMEEEEOOWW MEEOOWWWWWW MMEEEEOOOOOWW MMEEEOOWWWWW MEEEEOOOWWWW MMMEEEEEOOWWW".

Meow, "MMEEEEOOOOOOWWW MMEEOOOOOOWW MEEEEEEOOOOOW MMEEOOOOOWW".

Meow meow, "MEOOOOWWWWWW MEEEEEOOOOWWWWWWW MMMEEOOOOWW MMEEEOWWWW".

Meow meow meow meow. Meow meow meow meow.

Meow meow, "MEEEOOWW MMMMEEEOOWWW MEEEEEOOOWWWW MMEEEEEEOOOWWWWW".

Meow, "MMMEEEEEOWW MMEEEOOOOOOOWWWW MEEEEEOOOW MMMMEEEOOOOOW MMMMEEEEOWWWWW".

Meow, "MMEEOOOWWWWWW MEEEOOOWW".

Meow, "MMEEOOWW MMEEEEEEOOOOOOWWWW MMEEEEEEOOWW MMMEEEOOOOWWWW MEEOW MMMMEEOOOOOWWW".

Meow, "MMMEEEEOOOOOOOWWWW MEEEOOOOWWW MMEEEEEOOOOWW MMEEEEOOOW MEEEEEEOOOOOW".

Meow, "MMMMEEOOOWW MMEEEEEEOOOOOOOWWWW MMMMEEEEOWWW".

MEOW

Meow meow. Meow meow meow meow meow meow meow
meow, meow meow meow meow. Meow meow meow meow, meow
meow meow meow meow. Meow meow, meow meow. Meow meow
meow meow meow meow. Meow meow meow meow meow meow.
Meow meow meow meow meow. Meow meow meow meow meow
meow meow, meow meow meow meow meow meow meow meow
meow meow.

Meow meow meow meow meow meow. Meow meow meow
meow meow meow meow meow, meow meow meow. Meow meow
meow meow, meow meow meow. Meow meow. Meow meow meow
meow meow meow. Meow meow meow meow meow. Meow meow
meow meow meow meow meow, meow meow meow meow meow.
Meow meow meow meow meow, meow meow. Meow meow meow
meow meow meow meow, meow meow meow.

Meow meow meow meow meow meow meow. Meow meow
meow meow meow meow meow meow meow. Meow meow meow
meow meow meow meow meow. Meow meow meow meow meow meow
meow meow meow meow, meow meow meow. Meow meow meow
meow meow, meow meow meow. Meow meow, meow meow meow
meow. Meow meow meow meow. Meow meow meow meow meow.
Meow meow meow. Meow meow meow meow meow meow, meow
meow meow meow meow.

Meow meow meow meow meow meow meow. Meow meow
meow meow. Meow meow meow meow meow. Meow meow meow.
Meow meow meow meow, meow meow meow meow meow meow.

Meow meow meow meow meow meow, meow meow meow meow.
Meow meow meow meow meow meow. Meow meow meow. Meow
meow meow. Meow meow meow meow meow, meow meow meow
meow meow meow meow. Meow meow meow meow meow meow,
meow meow.

Meow meow meow meow. Meow meow meow meow meow.
Meow meow meow meow meow meow, meow meow meow meow
meow meow meow meow. Meow meow meow meow, meow meow
meow meow meow meow meow. Meow meow meow, meow meow.
Meow meow meow, meow meow meow meow. Meow meow meow
meow meow meow meow meow meow. Meow meow meow meow
meow meow. Meow meow meow meow meow meow meow meow
meow, meow meow meow. Meow meow meow meow meow meow
meow, meow meow meow. Meow meow meow meow meow meow
meow meow meow meow, meow meow.

Meow meow meow meow meow meow meow meow meow
meow. Meow meow meow meow meow meow meow meow meow
meow. Meow meow meow meow meow. Meow meow, meow meow
meow meow. Meow meow meow meow meow meow meow meow,
meow meow meow meow meow meow. Meow meow meow meow
meow meow meow meow meow meow meow, meow meow meow
meow meow meow. Meow meow meow meow, meow meow meow
meow meow. Meow meow meow meow meow meow meow meow
meow meow meow. Meow meow meow meow meow meow meow.
Meow meow meow meow meow meow. Meow meow meow meow
meow meow. Meow meow meow meow meow meow meow meow
meow, meow meow meow meow meow meow meow meow meow.
Meow meow meow meow, meow meow meow meow.

Meow meow meow meow. Meow meow meow. Meow meow
meow meow meow, meow. Meow meow meow meow meow meow
meow meow meow. Meow meow meow meow meow. Meow meow
meow meow meow meow meow meow meow meow meow, meow
meow meow meow. Meow meow, meow meow meow meow meow
meow meow.

Meow meow meow meow meow meow meow meow meow.
Meow meow meow. Meow meow meow meow. Meow meow meow
meow meow meow meow meow, meow. Meow meow meow meow
meow meow meow. Meow meow meow meow meow, meow meow
meow meow.

Meow meow meow meow meow meow meow meow meow
meow meow. Meow meow meow meow meow meow meow meow.
Meow meow meow meow meow meow. Meow meow meow, meow
meow meow meow meow meow. Meow meow meow meow meow
meow meow meow meow meow, meow meow meow meow meow
meow. Meow meow meow meow meow. Meow meow meow meow
meow. Meow meow meow meow, meow meow meow meow. Meow
meow meow meow meow meow meow meow meow, meow meow
meow meow meow meow meow.

Meow meow meow meow meow meow. Meow meow meow
meow meow. Meow meow, meow meow meow. Meow meow meow
meow meow meow meow, meow meow meow meow meow meow. Meow
meow, meow meow. Meow meow meow meow. Meow meow meow
meow. Meow meow meow. Meow meow, meow meow meow. Meow
meow meow meow meow, meow meow meow meow meow meow.

Meow meow meow meow meow. Meow meow meow, meow
meow meow. Meow meow meow meow meow meow meow, meow
meow meow meow meow. Meow meow. Meow meow meow meow
meow, meow meow meow meow meow meow meow meow.

Meow meow meow meow meow meow meow meow meow
meow. Meow meow meow. Meow meow meow meow. Meow meow
meow meow meow meow meow. Meow meow meow meow meow
meow meow meow, meow. Meow meow meow meow meow meow,
meow meow meow meow. Meow meow, meow meow meow meow
meow meow. Meow meow meow meow meow. Meow meow meow,
meow. Meow meow meow meow, meow meow.

Meow meow meow meow meow meow meow meow meow
meow meow. Meow meow meow meow meow. Meow meow meow meow
meow meow, meow. Meow meow meow meow meow meow meow. Meow
meow meow meow meow meow meow meow meow meow meow.
Meow meow meow, meow meow meow meow. Meow meow meow,
meow meow meow meow meow.

Meow meow meow meow meow meow meow meow. Meow
meow meow meow meow.

Meow meow meow, "Meow meow meow meow meow
meow".

Meow meow meow, "Meow meow meow".
Meow, "Meow meow meow meow".
Meow meow meow, "Meow meow meow".
Meow meow, "Meow meow meow meow".

Meow meow meow meow meow meow. Meow meow meow
meow.

Meow meow, "Meow meow meow meow meow".

Meow meow meow meow, "Meow meow meow meow meow
meow".

Meow, "Meow meow meow".

Meow meow meow, "Meow meow".

Meow meow, "Meow meow meow meow meow".

Meow meow meow meow meow meow. Meow meow meow
meow. Meow meow meow meow.

Meow meow, "Meow meow meow meow".

Meow meow meow, "Meow meow meow".

Meow meow meow, "Meow meow".

Meow, "Meow meow meow meow meow meow meow meow
meow meow meow meow".

Meow, "Meow meow meow".

Meow meow, "Meow meow meow".

Meow meow meow, "Meow meow meow meow".

Meow meow meow, "Meow meow meow meow".

Meow meow meow meow meow meow.

Meow meow, "Meow meow meow meow meow meow meow
meow meow".

Meow, "Meow meow".

Meow meow meow, "Meow meow meow".

Meow meow meow, "Meow meow meow meow meow".

Meow, "Meow meow meow meow meow".

Meow meow, "Meow meow meow".

Meow meow meow meow meow.

Meow meow, "Meow meow meow meow meow".

Meow meow, "Meow meow meow meow meow meow".

Meow meow meow, "Meow meow meow meow meow meow
meow".

Meow meow meow meow, "Meow meow meow".

Meow meow meow, "Meow meow".

Meow meow meow meow meow meow. Meow meow meow
meow meow.

Meow meow, "Meow meow meow meow meow meow".

Meow, "Meow meow meow".

Meow, "Meow meow meow meow meow meow meow".

Meow meow meow meow, "Meow meow meow meow".

Meow meow meow, "Meow meow meow meow meow meow
meow meow meow".

Meow meow meow meow. Meow meow.

Meow meow, "Meow meow meow meow meow".

Meow meow meow, "Meow meow meow meow meow".

Meow, "Meow meow meow meow".

Meow meow, "Meow meow meow".

Meow meow, "Meow meow meow meow meow meow meow
meow".

Meow meow meow. Meow meow meow meow. Meow
meow.

Meow meow meow, "Meow meow meow meow meow
meow".

Meow, "Meow meow meow meow".

Meow, "Meow meow".

Meow meow meow meow meow meow. Meow meow meow
meow meow meow.

Meow, "Meow meow meow meow meow".

Meow meow meow, "Meow meow meow meow meow
meow".

Meow meow meow, "Meow meow meow meow meow
meow".

Meow, "Meow meow meow".

Meow, "Meow meow meow meow meow meow".

Meow meow meow meow. Meow meow meow meow meow
meow meow meow.

Meow meow, "Meow meow meow meow meow meow".

Meow meow meow meow, "Meow meow meow meow".

Meow meow, "Meow meow meow meow meow meow".

Meow meow meow meow, "Meow meow meow meow".

Meow meow meow, "Meow meow meow meow meow meow
meow".

Meow meow meow meow, "Meow meow".

Meow meow meow meow meow meow meow. Meow meow
meow meow meow. Meow meow meow meow meow, meow meow
meow meow meow meow. Meow meow meow meow meow meow
meow meow meow, meow meow meow meow. Meow meow meow
meow meow, meow meow meow meow. Meow meow meow meow. Meow
meow meow. Meow meow meow meow meow, meow. Meow meow

meow meow meow meow meow meow, meow meow meow meow meow. Meow meow meow meow, meow meow.

Meow meow meow meow meow meow meow meow meow. Meow meow meow meow meow. Meow meow meow meow meow meow meow. Meow meow meow meow meow meow, meow meow meow meow meow meow meow meow. Meow meow meow meow meow meow, meow meow meow meow meow meow meow meow meow meow meow. Meow meow meow, meow meow meow meow meow meow meow meow. Meow meow meow meow meow meow. Meow meow meow meow meow meow meow meow. Meow meow meow meow, meow meow meow.

Meow meow meow. Meow meow meow meow meow meow. Meow meow meow meow meow meow meow meow. Meow meow meow meow meow. Meow meow meow meow, meow meow meow meow meow. Meow meow meow, meow meow meow meow meow meow meow meow. Meow meow meow, meow meow meow meow. Meow meow meow meow meow, meow meow meow. Meow meow meow meow meow meow. Meow meow meow meow meow meow meow meow meow meow meow, meow meow meow. Meow meow meow meow meow, meow meow meow meow.

Meow meow meow meow meow. Meow meow meow meow meow, meow meow meow. Meow meow meow meow meow meow. Meow meow meow meow meow meow, meow.

Meow meow meow meow meow meow meow meow meow. Meow meow meow meow meow meow meow. Meow meow meow meow meow. Meow meow meow, meow meow meow meow meow meow meow. Meow meow meow meow meow, meow meow meow. Meow meow meow meow meow meow meow. Meow meow meow meow meow, meow meow meow meow meow meow. Meow meow meow meow meow meow meow, meow meow meow meow meow meow meow.

Meow meow meow meow meow. Meow meow meow meow meow meow meow. Meow meow meow meow, meow meow. Meow meow meow meow meow meow meow. Meow meow meow meow meow meow meow meow meow. Meow meow meow meow meow meow. Meow meow meow, meow meow meow meow.

Meow meow meow meow meow meow meow. Meow meow meow meow meow meow meow meow meow. Meow meow meow meow meow, meow meow. Meow meow meow meow meow

meow meow. Meow meow meow meow, meow meow meow meow.
Meow meow meow meow meow meow meow meow, meow meow
meow.

Meow meow meow meow meow meow meow. Meow meow
meow meow meow. Meow meow meow meow meow meow, meow
meow meow meow meow meow meow meow meow meow. Meow meow
meow meow meow meow meow. Meow meow meow meow meow
meow meow meow. Meow meow meow meow meow meow meow
meow. Meow meow meow meow meow, meow meow. Meow meow
meow meow, meow meow meow meow. Meow meow, meow meow
meow meow.

Meow meow. Meow meow meow. Meow meow. Meow
meow meow meow, meow meow meow meow. Meow meow meow
meow meow meow, meow. Meow meow meow meow meow meow
meow. Meow meow meow meow meow meow meow. Meow meow
meow meow. Meow meow meow. Meow meow meow meow meow,
meow meow meow. Meow meow meow meow meow meow meow
meow, meow meow. Meow meow meow, meow meow meow.

Meow meow meow meow meow. Meow meow meow meow
meow meow. Meow meow meow meow meow meow. Meow meow meow
meow meow meow meow. Meow meow meow meow, meow meow meow
meow meow meow. Meow meow meow meow meow meow meow meow,
meow meow meow meow meow meow. Meow meow meow, meow
meow meow. Meow meow meow, meow meow. Meow meow meow
meow meow meow meow meow meow. Meow meow meow. Meow meow
meow meow meow meow. Meow meow meow meow meow meow
meow. Meow meow, meow meow meow meow meow. Meow meow
meow meow, meow meow meow meow meow meow meow meow meow.
Meow meow meow meow meow meow meow, meow meow meow
meow meow meow meow meow.

Meow meow meow meow meow meow meow. Meow meow
meow meow meow, meow meow meow meow. Meow meow meow
meow meow, meow meow meow meow. Meow meow meow meow meow,
meow meow. Meow meow, meow meow meow.

Meow meow meow, "Meow meow meow meow".

Meow meow, "Meow meow meow meow meow meow meow
meow meow".

Meow, "Meow meow meow meow meow".

Meow meow, "Meow meow meow meow".

Meow meow, "Meow meow meow meow meow meow meow meow".

Meow meow, "Meow meow meow meow meow meow".

Meow meow meow meow, "Meow meow meow".

Meow meow, "Meow meow meow meow meow meow".
Meow meow meow meow meow, meow meow meow meow meow meow.

Meow meow meow meow meow. Meow meow meow meow. Meow meow. Meow meow meow meow, meow meow meow. Meow meow, meow meow meow meow meow meow.

Meow meow meow, "Meow meow meow meow meow meow meow".

Meow meow meow meow, "Meow meow meow meow".

Meow, "Meow meow meow meow meow meow meow".

Meow meow meow, "Meow meow meow meow". Meow meow, meow meow meow meow meow meow. Meow meow meow meow, meow meow meow. Meow meow meow meow, meow meow meow meow meow.

Meow meow meow meow meow. Meow meow meow meow meow meow meow. Meow meow, meow meow. Meow meow meow meow meow meow meow, meow meow meow meow. Meow meow meow, meow meow meow meow meow meow meow meow meow.

Meow meow, "Meow meow meow meow".

Meow meow, "Meow meow meow". Meow meow meow meow, meow meow meow meow meow meow meow meow. Meow meow meow meow meow, meow meow meow meow meow. Meow meow meow meow meow meow meow meow, meow. Meow meow meow meow meow meow, meow meow meow meow.

Meow meow meow meow meow meow. Meow meow, meow meow meow meow meow meow. Meow meow meow meow, meow meow meow meow.

Meow, "Meow meow meow meow meow meow meow".

Meow meow, "Meow meow meow meow".

Meow meow meow, "Meow meow meow meow meow".
Meow meow meow meow meow meow meow, meow meow meow meow meow. Meow meow, meow meow meow meow meow meow meow meow.

Meow meow meow meow meow meow. Meow meow meow meow meow meow. Meow meow meow meow. Meow meow meow. Meow meow meow meow meow meow, meow meow. Meow meow

meow, meow meow meow meow. Meow meow meow meow meow
meow, meow meow meow meow meow meow.

Meow meow, "Meow meow meow meow meow".
Meow meow meow, "Meow meow meow meow meow".
Meow, "Meow meow meow meow meow meow meow".
Meow, "Meow meow meow meow meow".
Meow, "Meow meow meow meow".
Meow meow meow, "Meow meow meow meow meow".
Meow meow meow meow meow meow meow, meow meow. Meow
meow meow meow, meow. Meow meow meow meow meow, meow
meow.

Meow meow meow meow. Meow meow meow meow meow
meow. Meow meow meow meow meow meow meow meow. Meow
meow meow meow meow meow meow, meow meow meow meow meow
meow.

Meow, "Meow meow meow meow meow".
Meow, "Meow meow meow meow".
Meow, "Meow meow meow meow meow meow".
Meow meow meow, "Meow meow meow meow meow".
Meow meow meow, "Meow meow meow meow meow meow
meow".

Meow, "Meow meow meow meow". Meow meow meow meow
meow meow, meow. Meow meow meow meow meow meow meow
meow, meow meow meow meow. Meow meow meow meow meow,
meow meow meow meow meow.

Meow meow meow meow. Meow meow meow meow meow
meow meow meow meow. Meow meow meow, meow meow meow
meow meow meow. Meow meow meow meow meow meow, meow
meow meow.

Meow, "Meow meow meow meow meow".
Meow meow, "Meow meow meow".
Meow meow meow, "Meow meow meow meow meow".
Meow meow meow, meow meow meow meow meow meow meow
meow meow. Meow meow meow meow meow, meow meow meow
meow meow meow meow. Meow meow meow meow meow meow,
meow meow meow meow meow meow meow meow.

Meow meow meow meow meow meow meow meow meow.
Meow meow meow meow meow meow meow meow meow. Meow
meow meow meow meow meow meow meow meow. Meow meow
meow meow meow meow meow, meow meow meow meow meow.

Meow meow meow meow meow meow, meow meow meow. Meow meow meow meow, meow meow meow meow meow.

Meow meow meow, "Meow meow meow meow meow meow meow meow".

Meow meow, "Meow meow meow meow".

Meow meow, "Meow meow meow meow meow". Meow meow meow meow meow meow meow meow meow, meow meow meow meow meow.

Meow meow meow meow meow meow meow. Meow meow meow meow meow meow meow meow meow. Meow meow meow. Meow meow meow meow meow meow meow meow meow meow meow. Meow meow meow meow meow meow meow, meow meow meow meow meow meow meow meow meow. Meow meow meow meow meow meow meow meow meow meow, meow meow meow meow meow meow.

Meow meow meow, "Meow meow meow meow meow meow meow meow meow meow".

Meow meow, "Meow meow meow meow meow meow".

Meow meow meow meow, "Meow meow meow meow meow". Meow meow meow meow meow, meow meow meow. Meow meow meow meow meow meow meow meow meow, meow meow meow meow meow meow meow. Meow meow meow, meow meow meow. Meow meow meow meow meow meow meow meow meow meow meow, meow meow meow.

Meow meow meow meow meow meow. Meow meow meow meow meow meow meow meow. Meow meow meow, meow meow meow meow meow meow meow. Meow meow meow, meow meow meow meow meow.

Meow meow meow, "Meow meow meow".

Meow, "Meow meow meow meow meow".

Meow, "Meow meow meow meow".

Meow meow meow, "Meow meow meow". Meow meow meow meow meow meow meow meow, meow meow meow. Meow meow meow meow, meow meow.

Meow meow meow meow meow meow meow. Meow meow meow meow meow meow meow meow meow meow. Meow meow, meow meow meow meow meow meow meow. Meow meow meow meow, meow meow meow meow. Meow meow meow meow, meow meow meow meow.

Meow, "Meow meow meow".

Meow meow meow meow, "Meow meow".

Meow meow meow, "Meow meow meow".

Meow meow meow, "Meow meow meow meow meow meow". Meow meow meow, meow meow meow meow. Meow meow meow meow, meow meow meow.

Meow meow meow meow meow meow. Meow meow meow meow meow meow, meow meow meow. Meow meow meow meow, meow meow meow.

Meow meow, "Meow meow meow meow". Meow meow meow, meow meow. Meow meow meow meow meow meow meow, meow meow meow meow. Meow meow meow meow, meow meow.

Meow meow meow meow meow meow meow meow meow meow meow meow meow meow meow. Meow meow meow meow meow meow. Meow meow meow meow meow meow meow meow. Meow meow meow, meow meow meow.

Meow meow, "Meow meow meow meow meow meow".

Meow, "Meow meow meow meow meow meow meow meow".

Meow meow, "Meow meow meow". Meow meow meow meow meow, meow meow meow. Meow meow meow meow meow, meow meow meow. Meow meow meow meow meow meow, meow meow meow meow meow. Meow meow meow, meow meow meow meow.

Meow meow meow meow meow. Meow meow meow meow meow. Meow meow meow, meow meow meow. Meow meow meow meow meow meow meow. Meow meow meow meow meow meow, meow meow meow meow meow meow meow. Meow meow meow meow meow meow, meow meow meow meow meow meow meow meow meow meow. Meow meow meow meow meow, meow meow meow meow meow. Meow meow meow, meow meow meow meow meow meow.

Meow meow meow meow meow meow meow. Meow meow meow meow meow. Meow meow meow, meow meow meow meow meow. Meow meow meow meow meow meow, meow meow meow meow meow meow meow. Meow meow meow meow meow meow meow. Meow meow meow meow meow. Meow meow meow meow meow meow meow. Meow meow meow meow, meow meow. Meow meow meow meow meow meow meow meow, meow. Meow meow meow, meow meow meow meow meow meow meow meow meow meow.

Meow meow meow meow meow meow. Meow meow meow meow meow meow. Meow meow meow meow meow. Meow meow meow meow meow, meow meow meow meow meow. Meow

meow meow, meow. Meow meow meow meow meow meow meow
meow, meow meow meow meow. Meow meow meow meow meow
meow meow meow meow. Meow meow meow meow meow. Meow
meow meow meow meow meow, meow.

Meow meow meow meow meow. Meow meow meow meow
meow meow. Meow meow meow meow meow meow meow meow,
meow meow meow. Meow meow meow meow meow. Meow meow
meow meow meow meow. Meow meow meow. Meow meow meow,
meow meow meow meow meow.

Meow meow. Meow meow meow meow meow meow meow.
Meow meow meow meow meow meow meow. Meow meow meow
meow meow, meow meow meow meow meow meow meow meow
meow meow. Meow meow meow meow meow meow. Meow meow
meow meow. Meow meow meow meow meow meow meow, meow
meow meow meow. Meow meow meow, meow meow meow meow
meow meow meow. Meow meow meow meow meow, meow meow.

Meow meow meow meow meow meow meow meow. Meow
meow meow meow meow meow meow meow meow. Meow meow meow
meow, meow. Meow meow meow, meow meow meow meow meow
meow meow meow meow. Meow meow meow meow meow meow,
meow meow meow. Meow meow meow meow meow. Meow meow.
Meow meow meow meow meow meow, meow meow meow meow
meow meow. Meow meow meow meow, meow meow meow meow.

Meow meow meow meow meow meow. Meow meow. Meow
meow meow meow meow meow, meow meow meow meow meow meow
meow meow. Meow meow meow meow meow meow meow, meow
meow. Meow meow meow meow, meow meow. Meow meow meow
meow meow meow, meow meow meow. Meow meow meow meow
meow meow meow meow meow. Meow meow meow meow. Meow
meow meow meow meow meow. Meow meow meow. Meow meow
meow meow meow, meow meow. Meow meow meow meow meow,
meow meow.

Meow meow meow meow meow meow meow meow meow
meow meow. Meow meow meow meow. Meow meow meow meow.
Meow meow meow meow meow meow. Meow meow meow meow,
meow meow meow meow. Meow meow meow meow, meow meow
meow. Meow meow meow meow meow, meow meow. Meow meow
meow meow meow meow meow. Meow meow meow meow meow
meow meow meow, meow meow. Meow meow meow meow, meow
meow.

Meow meow meow meow meow meow meow meow. Meow meow meow. Meow meow meow meow meow meow meow. Meow meow, meow. Meow meow meow meow meow meow meow, meow meow. Meow meow meow, meow meow. Meow meow meow meow meow. Meow meow meow meow meow meow. Meow meow meow meow meow, meow meow meow meow meow meow meow meow.

Meow meow meow meow. Meow meow meow meow meow meow meow meow. Meow meow meow meow meow meow, meow meow meow meow meow meow. Meow meow meow meow meow, meow meow meow meow. Meow meow meow meow meow meow meow. Meow meow meow meow meow. Meow meow meow meow meow. Meow meow meow meow meow, meow meow meow meow. Meow meow meow meow meow meow, meow.

Meow meow meow meow meow. Meow meow meow meow meow meow. Meow meow meow meow meow meow meow meow meow, meow meow meow meow. Meow meow meow meow meow. Meow meow meow meow meow. Meow meow meow meow meow meow, meow meow meow. Meow meow meow meow, meow meow. Meow meow meow meow, meow meow meow.

Meow meow meow meow meow meow meow. Meow meow meow meow meow meow. Meow meow meow meow meow, meow meow meow meow. Meow meow meow meow meow meow meow. Meow meow meow meow meow meow meow meow meow. Meow meow meow. Meow meow meow meow meow meow meow, meow meow meow meow meow. Meow meow meow meow meow meow meow meow, meow meow meow meow meow meow meow meow meow.

Meow meow meow meow meow meow meow meow. Meow meow meow meow meow meow meow meow meow.

Meow meow, "Meow meow meow meow meow meow".

Meow meow meow, "Meow meow meow meow meow meow meow meow meow meow".

Meow meow meow, "Meow meow meow meow meow meow".

Meow, "Meow meow meow meow meow meow".

Meow, "Meow meow".

Meow meow meow, "Meow meow meow meow meow meow meow meow meow".

Meow meow meow meow meow meow. Meow meow meow meow meow meow meow meow meow meow.

Meow, "Meow meow meow meow".

Meow, "Meow meow meow".

Meow meow, "Meow meow meow".

Meow meow, "Meow meow meow meow meow".

Meow, "Meow meow meow meow meow".

Meow, "Meow meow meow meow meow".

Meow meow meow meow. Meow meow meow meow meow meow.

Meow, "Meow meow meow meow meow meow meow meow meow".

Meow, "Meow meow meow".

Meow meow meow meow, "Meow meow meow meow meow meow meow meow".

Meow meow meow, "Meow meow meow meow meow meow meow meow".

Meow meow, "Meow meow meow".

Meow meow meow meow, "Meow meow meow meow meow".

Meow meow meow meow meow meow meow meow meow.

Meow meow meow, "Meow meow meow meow meow meow meow".

Meow, "Meow meow meow".

Meow meow meow meow, "Meow meow".

Meow meow meow meow meow. Meow meow meow meow meow. Meow meow meow meow.

Meow, "Meow meow meow meow meow meow".

Meow meow meow meow, "Meow meow meow".

Meow meow meow meow meow meow meow. Meow meow meow meow meow meow meow meow. Meow meow meow.

Meow meow, "Meow meow meow meow".

Meow meow, "Meow meow".

Meow meow, "Meow meow meow meow".

Meow meow meow meow, "Meow meow meow meow meow meow meow".

Meow meow meow, "Meow meow meow meow meow".

Meow meow meow, "Meow meow meow meow meow meow meow meow".

Meow meow meow. Meow meow meow meow meow meow meow meow meow. Meow meow meow meow meow.

Meow meow meow meow, "Meow meow meow meow meow".

Meow meow meow, "Meow meow meow meow".

Meow, "Meow meow meow".

Meow meow, "Meow meow meow meow".

Meow meow meow meow meow meow meow meow meow.

Meow meow, "Meow meow meow meow meow meow".

Meow meow, "Meow meow meow meow".

Meow meow, "Meow meow meow meow meow meow".

Meow meow, "Meow meow meow meow meow".

Meow meow meow, "Meow meow meow meow meow meow".

Meow meow meow, "Meow meow meow meow meow meow".

Meow meow meow meow meow. Meow meow meow meow.

Meow meow meow, "Meow meow meow meow meow".

Meow meow, "Meow meow meow meow meow meow".

Meow, "Meow meow meow meow meow".

Meow meow meow, "Meow meow meow".

Meow meow, "Meow meow meow meow meow meow meow".

MEOW

Meow meow meow. Meow meow meow meow meow meow
meow meow meow. Meow meow meow meow meow, meow meow
meow meow meow. Meow meow meow meow. Meow meow. Meow
meow meow meow meow meow meow meow, meow meow meow.
Meow meow meow meow meow meow meow, meow meow. Meow
meow meow, meow.

Meow meow meow meow. Meow meow meow meow meow
meow. Meow meow meow, meow meow meow meow meow. Meow
meow meow meow, meow meow meow meow. Meow meow meow
meow meow meow meow, meow meow meow meow meow meow.
Meow meow meow meow meow meow meow meow. Meow meow
meow meow, meow meow meow meow meow meow. Meow meow
meow meow meow meow, meow meow meow meow meow meow
meow meow.

Meow meow meow meow meow meow meow meow meow.
Meow meow meow meow meow meow meow. Meow meow meow
meow meow meow meow meow meow meow. Meow meow meow meow,
meow meow meow. Meow meow meow meow meow meow, meow meow
meow meow meow meow meow. Meow meow meow meow meow
meow meow. Meow meow meow meow meow meow meow, meow
meow meow meow meow. Meow meow meow, meow meow meow
meow. Meow meow meow meow, meow meow.

Meow meow meow meow meow. Meow meow meow meow meow meow meow meow. Meow meow meow meow meow meow meow meow. Meow meow meow meow meow meow meow meow, meow meow meow meow meow meow. Meow meow meow meow meow, meow meow meow meow meow meow meow meow meow. Meow meow meow, meow meow meow meow. Meow meow meow meow meow meow meow meow meow meow. Meow meow meow meow meow, meow meow. Meow meow meow meow, meow meow meow. Meow meow meow meow meow meow meow meow meow, meow meow meow meow meow meow meow. Meow meow meow, meow meow meow meow meow meow meow meow meow.

Meow meow meow meow meow. Meow meow meow meow meow meow meow. Meow meow meow meow meow meow meow, meow meow meow meow meow meow meow. Meow meow meow meow meow meow, meow meow meow. Meow meow meow meow. Meow meow meow meow meow meow meow meow, meow meow meow meow meow meow meow. Meow meow meow meow meow meow meow meow meow meow meow meow, meow meow. Meow meow meow meow, meow meow.

Meow meow meow meow meow meow meow meow meow. Meow meow meow meow meow meow meow meow meow. Meow meow. Meow meow meow meow meow meow meow. Meow meow meow meow meow, meow meow meow meow meow. Meow meow meow meow meow meow meow, meow meow meow meow. Meow meow meow meow meow meow, meow meow. Meow meow meow meow meow. Meow meow meow meow meow meow meow meow. Meow meow meow meow meow. Meow meow meow meow meow meow meow. Meow meow meow meow meow meow meow, meow meow meow.

Meow meow meow meow meow meow. Meow meow meow meow meow. Meow meow meow meow. Meow meow meow meow meow, meow meow meow meow. Meow meow meow, meow meow meow meow meow meow meow. Meow meow meow meow, meow meow meow meow meow meow meow meow meow. Meow meow meow meow meow. Meow meow meow meow, meow meow meow meow meow. Meow meow meow meow, meow meow meow meow. Meow meow meow meow meow, meow meow meow meow.

Meow meow meow meow meow meow meow. Meow meow meow meow meow meow meow meow. Meow meow meow meow

meow meow, meow meow. Meow meow meow, meow meow meow meow meow. Meow meow meow meow meow meow. Meow meow meow. Meow meow meow meow meow meow meow meow. Meow meow meow meow meow, meow meow meow meow meow. Meow meow meow meow meow meow meow, meow meow. Meow meow meow, meow meow meow meow.

Meow meow meow meow meow. Meow meow meow meow meow meow. Meow meow meow meow meow meow, meow meow meow. Meow meow meow meow meow, meow meow meow. Meow meow meow meow. Meow meow meow, meow. Meow meow meow meow meow, meow meow meow meow meow meow meow meow. Meow meow meow meow meow meow meow meow meow meow, meow meow.

Meow meow meow meow. Meow meow meow meow meow meow meow meow. Meow meow meow meow meow, meow meow. Meow meow meow, meow meow. Meow meow meow meow meow meow, meow meow meow meow. Meow meow. Meow meow meow meow meow. Meow meow meow meow meow meow meow meow. Meow meow meow meow, meow meow meow. Meow meow meow meow meow, meow meow meow.

Meow meow. Meow meow meow meow meow meow meow meow meow meow meow. Meow meow meow meow meow. Meow meow meow meow, meow meow meow meow. Meow meow meow meow meow meow, meow meow meow meow. Meow meow meow meow meow meow meow meow. Meow meow meow meow meow meow meow, meow meow meow meow meow.

Meow meow meow meow. Meow meow meow meow. Meow meow meow meow meow. Meow meow, meow. Meow meow meow meow meow, meow meow meow meow. Meow meow meow meow meow, meow meow meow meow meow meow. Meow meow, meow meow meow meow meow meow meow. Meow meow meow meow. Meow meow meow meow. Meow meow meow meow meow meow, meow meow.

Meow meow meow meow meow meow meow meow. Meow meow meow meow meow meow meow meow meow meow, meow meow meow meow meow meow meow. Meow meow meow meow meow meow meow meow, meow meow. Meow meow meow, meow meow meow meow meow meow meow. Meow meow meow meow. Meow meow meow meow. Meow meow. Meow meow meow meow meow meow meow, meow meow.

Meow meow meow meow meow meow meow meow meow meow meow, meow meow meow.

Meow meow meow. Meow meow meow meow meow meow, meow meow meow. Meow meow meow meow meow, meow meow meow meow meow. Meow meow meow, meow meow meow meow meow meow. Meow meow meow meow meow. Meow meow meow meow. Meow meow meow meow meow meow, meow meow meow. Meow meow meow, meow meow meow meow meow meow.

Meow meow meow meow meow. Meow meow meow meow meow meow meow. Meow meow meow meow meow meow, meow meow meow meow. Meow meow meow meow meow, meow meow meow meow meow. Meow meow meow meow meow, meow meow meow meow meow meow. Meow meow meow meow meow, meow meow meow meow meow. Meow meow meow. Meow meow, meow meow meow meow meow meow. Meow meow meow meow meow meow, meow meow meow. Meow meow meow meow meow meow meow meow meow, meow meow meow.

Meow meow meow meow meow meow. Meow meow meow meow. Meow meow meow meow meow meow meow, meow. Meow meow meow meow, meow meow meow meow meow meow meow meow. Meow meow meow meow meow meow, meow meow meow meow. Meow meow meow meow meow. Meow meow meow meow meow, meow meow meow meow meow meow meow meow. Meow meow meow meow meow, meow meow meow meow. Meow meow meow meow meow meow meow meow, meow.

Meow meow meow meow meow meow meow meow meow. Meow meow meow meow meow meow meow. Meow meow meow meow meow meow meow. Meow meow meow meow meow, meow meow meow meow meow meow meow meow. Meow meow meow. Meow meow meow meow meow meow meow. Meow meow meow meow meow, meow meow meow meow meow meow meow meow meow. Meow meow meow, meow meow meow meow meow. Meow meow meow meow meow meow, meow meow meow meow.

Meow meow meow meow meow meow. Meow meow meow meow meow meow meow, meow meow meow. Meow meow meow, meow meow meow. Meow meow meow meow meow meow meow meow meow, meow meow meow meow meow. Meow meow meow meow meow meow meow meow meow. Meow meow meow meow. Meow meow meow meow meow, meow meow

meow meow meow. Meow meow meow meow meow, meow meow
meow meow meow meow meow. Meow meow meow meow, meow.

Meow meow meow meow meow meow meow. Meow meow
meow meow meow meow meow meow meow meow meow meow, meow
meow meow. Meow meow meow meow meow, meow meow meow
meow meow meow. Meow meow meow meow meow meow meow
meow meow meow. Meow meow meow meow meow meow. Meow
meow meow. Meow meow meow meow, meow meow meow meow.
Meow meow meow meow meow, meow meow meow meow meow
meow.

Meow meow meow meow meow. Meow meow meow meow
meow meow meow meow. Meow meow meow meow meow meow
meow, meow meow meow meow meow meow. Meow meow meow
meow meow, meow meow meow meow meow. Meow meow meow meow
meow meow meow. Meow meow meow meow meow. Meow meow
meow. Meow meow meow meow meow meow. Meow meow meow
meow meow meow meow meow meow, meow meow meow meow. Meow
meow meow meow meow meow meow meow meow, meow meow meow.

Meow meow meow meow meow meow. Meow meow meow
meow meow. Meow meow meow meow meow meow meow, meow meow
meow meow meow. Meow meow meow meow meow meow meow meow
meow, meow meow meow meow meow. Meow meow meow meow, meow
meow meow meow meow meow meow meow meow meow. Meow meow
meow meow meow, meow meow meow meow meow meow meow meow
meow. Meow meow meow meow meow meow meow. Meow meow
meow meow meow. Meow meow meow meow meow meow. Meow
meow meow meow meow meow meow, meow meow meow meow. Meow
meow meow, meow meow meow meow meow meow meow. Meow meow
meow meow meow meow meow meow meow meow meow meow, meow
meow meow meow meow meow meow.

Meow meow meow. Meow meow meow meow meow meow
meow. Meow meow, meow meow meow meow meow meow meow. Meow
meow meow meow meow meow, meow. Meow meow meow, meow
meow meow meow meow meow meow meow. Meow meow meow
meow meow, meow meow meow meow meow meow meow. Meow
meow meow meow meow meow meow. Meow meow meow meow meow
meow. Meow meow meow meow meow, meow meow meow meow
meow. Meow meow meow, meow meow meow meow meow meow meow.
Meow meow meow meow meow, meow. Meow meow meow meow,
meow meow meow meow meow meow.

Meow meow meow. Meow meow meow. Meow meow meow. Meow meow meow meow meow, meow meow meow. Meow meow meow. Meow meow meow meow. Meow meow meow. Meow meow, meow meow meow.

Meow meow meow. Meow meow meow meow. Meow meow meow meow meow, meow meow. Meow meow, meow. Meow meow meow meow, meow meow meow meow. Meow meow meow meow. Meow meow meow meow meow meow meow. Meow meow meow meow meow meow meow, meow meow meow meow meow meow.

Meow meow meow meow meow meow. Meow meow meow meow meow, meow. Meow meow meow meow meow meow. Meow meow meow meow meow meow, meow meow meow meow meow. Meow meow meow meow, meow meow meow meow meow meow.

Meow meow meow meow meow meow meow meow. Meow meow meow. Meow meow meow meow, meow meow meow meow meow. Meow meow meow, meow meow meow meow. Meow meow meow meow meow meow meow. Meow meow meow meow meow. Meow meow meow meow. Meow meow meow meow meow meow meow meow, meow. Meow meow meow meow meow meow, meow meow meow meow meow meow meow. Meow meow meow meow, meow meow meow meow meow. Meow meow meow meow meow, meow meow meow meow meow.

Meow meow meow meow. Meow meow meow. Meow meow meow meow, meow meow meow meow meow meow meow meow meow meow meow. Meow meow, meow meow meow meow meow meow meow meow meow meow. Meow meow meow meow. Meow meow meow. Meow meow meow meow meow meow, meow meow meow meow. Meow meow meow meow meow, meow meow meow meow. Meow meow meow meow, meow meow meow. Meow meow meow meow meow meow, meow meow meow meow meow meow meow meow meow.

Meow meow meow meow. Meow meow meow meow meow meow meow. Meow meow meow meow meow. Meow meow meow meow meow meow meow, meow meow meow meow. Meow meow meow meow, meow. Meow meow meow meow, meow meow meow meow. Meow meow meow meow meow. Meow meow meow meow meow meow meow. Meow meow meow, meow meow meow meow meow. Meow meow meow meow meow meow, meow meow meow meow meow meow.

Meow meow meow. Meow meow meow meow meow meow. Meow meow meow. Meow meow meow meow meow meow meow, meow meow meow meow meow. Meow meow meow meow meow meow. Meow meow meow. Meow meow meow meow meow meow, meow. Meow meow meow meow meow meow meow meow, meow meow meow meow meow meow meow meow. Meow meow meow meow meow, meow meow meow meow meow meow meow. Meow meow meow meow, meow meow meow meow meow meow meow meow meow meow.

Meow meow meow meow meow. Meow meow meow meow meow meow meow meow meow meow. Meow meow meow meow. Meow meow meow meow meow meow, meow meow meow meow meow. Meow meow meow meow meow meow meow, meow meow meow. Meow meow meow meow meow meow. Meow meow meow meow meow meow meow, meow meow meow meow meow meow meow. Meow meow, meow meow meow meow. Meow meow meow meow meow, meow meow meow meow meow meow meow meow.

Meow meow. Meow meow meow, meow. Meow meow meow meow meow meow, meow meow. Meow meow meow, meow meow meow meow meow. Meow meow meow meow meow meow, meow meow meow meow. Meow meow meow meow meow. Meow meow meow meow, meow meow. Meow meow meow meow meow meow, meow meow.

Meow meow meow meow meow meow meow. Meow meow meow meow meow. Meow meow meow meow meow. Meow meow meow meow meow meow meow, meow meow meow meow meow meow meow. Meow meow meow, meow meow meow. Meow meow meow meow meow meow. Meow meow meow meow. Meow meow meow meow meow meow meow. Meow meow meow meow, meow meow meow meow. Meow meow meow meow meow, meow meow meow meow meow meow meow.

Meow meow meow meow meow meow. Meow meow meow meow meow. Meow meow meow meow meow meow meow meow meow. Meow meow meow meow meow meow, meow meow meow meow meow. Meow meow meow meow meow meow meow meow meow. Meow meow meow meow meow. Meow meow, meow meow meow meow meow meow. Meow meow meow meow, meow meow. Meow meow meow meow meow, meow meow meow meow meow.

Meow meow meow meow meow meow. Meow meow meow. Meow meow meow meow meow meow. Meow meow meow meow

meow, meow meow meow meow. Meow meow meow meow meow
meow meow meow meow, meow meow meow meow meow meow
meow. Meow meow meow meow meow meow. Meow meow, meow
meow. Meow meow meow meow meow meow meow meow meow,
meow meow meow meow meow meow meow. Meow meow meow
meow meow, meow meow meow meow meow meow meow. Meow
meow, meow meow.

Meow meow meow meow meow meow meow meow meow
meow. Meow meow meow meow meow meow. Meow meow meow
meow meow meow meow meow. Meow meow meow meow meow,
meow meow meow meow meow meow meow meow meow meow.
Meow meow meow meow meow meow. Meow meow meow, meow
meow meow meow. Meow meow meow meow meow meow, meow
meow meow meow meow meow.

Meow meow meow meow. Meow meow meow meow meow.
Meow meow meow meow meow meow meow meow. Meow meow
meow meow meow meow, meow meow. Meow meow meow meow,
meow meow meow meow meow meow. Meow meow meow, meow
meow meow. Meow meow meow meow meow. Meow meow meow
meow meow meow meow meow. Meow meow meow. Meow meow
meow meow, meow meow meow meow. Meow meow meow meow
meow meow, meow meow meow meow.

Meow meow. Meow meow meow meow meow meow meow
meow. Meow meow meow meow. Meow meow meow meow meow
meow meow, meow meow meow meow meow meow. Meow meow meow
meow meow meow meow, meow meow meow meow meow meow
meow. Meow meow meow meow. Meow meow meow meow meow
meow, meow meow meow meow meow meow meow. Meow meow meow
meow meow meow meow, meow meow meow meow meow. Meow
meow meow meow, meow meow meow.

Meow meow meow meow meow meow meow. Meow meow
meow meow meow, meow. Meow meow meow meow meow, meow
meow meow meow meow meow. Meow meow meow meow. Meow
meow meow meow meow meow meow. Meow meow meow meow meow
meow meow meow meow meow, meow meow meow. Meow meow meow
meow meow meow meow, meow meow meow meow meow. Meow
meow meow meow, meow meow meow meow meow meow meow
meow meow meow.

Meow meow meow. Meow meow meow meow meow. Meow
meow meow meow meow meow. Meow meow meow meow meow

meow meow meow, meow meow meow meow meow meow meow.
Meow meow meow meow, meow meow meow meow. Meow meow
meow meow meow meow meow. Meow meow meow meow. Meow
meow meow meow meow meow meow. Meow meow meow meow
meow meow, meow. Meow meow meow meow, meow meow.

Meow meow meow meow meow meow. Meow meow meow
meow, meow meow meow meow meow meow meow meow meow meow.
Meow meow meow meow meow meow meow, meow meow meow
meow meow meow meow. Meow meow meow. Meow meow meow
meow meow meow, meow meow meow.

Meow meow meow meow meow meow meow meow meow
meow meow. Meow meow meow meow meow meow, meow meow.
Meow meow meow meow meow meow meow, meow. Meow meow
meow meow meow meow, meow. Meow meow meow. Meow meow
meow meow meow meow meow. Meow meow meow meow meow
meow meow, meow meow meow meow meow. Meow meow meow,
meow meow meow meow meow meow meow. Meow meow meow,
meow meow meow meow meow. Meow meow meow meow meow,
meow meow.

Meow Meow

Made in United States
Troutdale, OR
08/22/2023

12245450R00076